Kurzspiele für die Stimme

für Musikschule, Schule, Kindergarten
und für die Familie

von Lucie Steiner

mit Ideen von Werner Beidinger, Horst Diening, Klaus Feßmann,
Rainer Loska, Mathias Spahlinger, Simonetta Tüchler, Gunter Woß

GUSTAV BOSSE VERLAG REGENSBURG

Lucie Steiner ist in Stuttgart geboren und bis heute mit Kindern und Erwachsenen in der Praxis tätig. Die Fortbildungstätigkeit für Musiklehrer und soziale Berufe führt sie nach Japan und Amerika, in die UdSSR und fast alle europäische Länder.

Bereits 1964 entwickelt sie eigene Modelle für Musikalische Früherziehung und Musikalische Grundausbildung. Aus diesem Bereich, auch in der Zusammenarbeit mit anderen Autoren, gibt es zahlreiche Veröffentlichungen von Lucie Steiner. Ihr besonderes Engagement gilt der Kultur und der Natur.

Die Bilder in diesem Buch wurden von 3- bis 14jährigen Kindern gemalt. Wir danken Anja, Ariane, Bettina, Christine, Cyriaque, Daniela, Deborah, Dieter, Heike, Horst, Jan-Peter, Johanna, Klaus, Laetitia, Marie, Melanie, Nelli, Petra, Stephanie, Surya, Tanja und Valeska.

Ebenso danken wir Klaus Feßmann, Jürgen Mack und Mathias Spahlinger für ihre freundlicherweise zur Verfügung gestellten Grafiken.

Bestell-Nr. BE 1293

ISBN 3-7649-1293-6

Notensatz: Notensatzservice München, Thurneyssenstr. 21, 8000 München 21
Satz: Gustav Bosse Verlag
Druck: Fr. Ant. Niedermayr, Regensburg

Inhaltsverzeichnis

Kurzspiele für die Stimme

Das Buch "Kurzspiele für die Stimme" ist ein unkonventionelles Buch. Die Inhalte sollen Phantasie anregen und zu Aktivitäten ermuntern. Vom "Instrument" Stimme ausgehend wird Sprache musikalisiert und instrumentiert. In zehn Kapiteln sind Texte, Lieder und Stimmspiele unterschiedlichster Stile und Gattungen zusammengestellt. Es sind Kurzformen, *die den Reiz spielerischer Umsetzung hervorrufen* und dennoch das bewußte Gestalten mit der Stimme in den Vordergrund rücken sollen. Die Art der Darstellung soll zum Begreifen der eigenen Stimmlichkeit und Identität führen.
Die "Philosophie" der Didaktik und Methodik dieser Vorgehensweise liegt in der Verfügbarkeit von variablen Modellen, die thematisch gegliedert sind oder inhaltliche Schwerpunkte und Kontraste aufweisen. Bei freier Auswahl ist dennoch darauf zu achten, daß sich Sinnzusammenhänge ergeben. Man kann z. B. von einem zum anderen Spiel Gedankenverbindungen knüpfen, in Bildern denken und wiederum die bildhafte Vorstellungswelt sprachlich dinghaft werden lassen.
Impulse zu Aktivitäten ergeben sich durch das Erkennen verwandter Strukturen oder durch stichwortartige Anregungen, die als mögliche Darstellungsformen gedacht sind. In einer mehrere Aspekte berücksichtigenden Themenfolge kann man Kurzspiele miteinander kombinieren oder eines mit dem anderen "erklären", wobei Assoziationen ausdrücklich erwünscht sind. Viele Beiträge sind ohne Kommentar, sie sprechen aus sich selbst. Gedankliche Einfühlsamkeit kann Lust auf eigene Initiativen wecken, um Sprache und Musik zu einem Spiel auszubauen oder zu variieren.

Veränderung der Sinneswahrnehmung

Kurzspiele für die Stimme zusammenstellen ist ein phantastisches Unternehmen. Man muß in guter "Stimmung" sein, um das unmittelbar Sinnliche einer Stimme in Worte zu fassen, weil Sprache selbst ja schon Musik ist. Heute im Zeitalter der Medien, die als hochrangige Verstärker kultureller Möglichkeiten größtes Interesse finden und unsere Sinneswahrnehmung verändern, gibt es auch noch Kraftlinien, die nicht spezialisiert sind, sondern im gegenseitigen Wechselspiel verschiedene Ebenen aufschließen: Pflege der Stimme, ein Gespür für den Umgang mit der Stimme entwickeln, auf die "innere" Stimme hören und sich darüber klar werden, daß Singen und Sprechen zu den elementaren Bedürfnissen des Menschen gehören.
Es gibt hörende Schreibmaschinen und Computerstimmen, die unser Vorstellungsbild von der Stimme zwar erweitern, aber nicht ersetzen können. Die Kommunikation menschlicher Stimmen bleibt unersetzlich. Lawrance Durell, der einstige Romancier mediterraner Welten, rief seinen Lesern zu: "Ich nehme einen Mund voll Tinte und blase sie über den Himmel". Im übertragenen Sinn handeln Kindern ebenso: Sie nehmen einen Mund voll Töne und singen Unaufschreibbares, verwenden Sprache und Laute als eigene Erfindung. Diese elementaren Grundmuster können unser konventionell geprägtes Vorstellungsbild von der Universalität der Stimme neu beleben. Viele Bilder des Buches teilen mit, was die Stimme nicht in Worten ausdrücken kann.

Die Familie als natürlicher und wichtiger Wirkungsbereich der Stimme

Den Sinn des geschriebenen Wortes kann man beim Lesen des Buches begreifen, deutlich werden sprachliche und musikalische Inhalte erst durch die praktische Umsetzung und durch das eigene Erleben und Gestalten.
Eine "Stimme" braucht immer das "Echo" des Hörenden, denn Kommunikation lebt nicht vom Solo, das nur ins Leere verklingt. Das im Buch durchgehende Thema "Stimme" ist reich an Variationen, denn Stimmen

gibt es in der Natur, in der Technik, aber vor allem in der Gemeinschaft von Menschen. Worte und Weisen können abgenützt und aufgewertet, verfälscht werden. Volkslieder und philosophische Gedanken führen durch ihren Sinngehalt zum Erkennen von Lebensmustern. Aber das mannigfaltige "Spiel" der Stimmen - auch wenn es sich als "Stimmengewirr" ausdrückt - hat seine tiefe Bedeutung, denn immer wieder wird eine Stimme herausleuchten oder verstummen. Vielfalt und Unterschiedlichkeit fördern Originalität. Das "Konzert" der Stimmen hat schon im Kindergarten Platz, erklingt in der Schule, wird in der Musikschule in der Früherziehung, in der Grundausbildung, im Chor geübt und hat in der Familie seinen natürlichen wichtigen Wirkungsbereich.

Die Lieder, Verse, Rätsel, Geschichten, Märchen, Poesie von großen Meistern und kleinen Kindern zum Hören und Sehen, Klänge, die sprechen und erzählen, Mitsinglieder, japanische Zeilen, Texte zum Tanzen, Singen und Darstellen, Lippenplappler und Zungenschleifer, Zeitungsmeinung und Zeitungspiele ... sind in einer scheinbar bunten Reihe zusammengestellt. Die gedankenmethodische Gruppierung in zehn Kapiteln ist jedoch beabsichtigt und provoziert bewußt auch Querverbindungen zu bereits veröffentlichten Kurzspielbüchern, die sich mit Rhythmik, Musik und Tanz beschäftigen. Einige Hinweise sind im Anhang gegeben.

Die Anregungen zur Darstellung von Liedern, Texten und Musik sind nicht ausgereizt, sondern vielmehr sparsam dosiert, gleichsam als Impulse in Kurzspielform gesetzt, um beim Umgang mit dem angebotenen Material Phantasie zu wecken und diese in die Wirklichkeit des Lebens zu projizieren.

Phantasie für neue Spiel-Regeln des Übens

Die "Kurzspiele für die Stimme" sind in den einzelnen Kapiteln mosaikartig zusammengestellt, oft auch suggestiv aneinandergereiht. Der Leser soll dadurch deren ganzheitliche Beziehung und Bedeutung aufnehmen und zugleich die normale Verlagerung seiner Aufmerksamkeit auf Einzelheiten wahrnehmen können.

Sprache und Singen aktivieren unsere Sinne, wir hören nicht nur, sondern wir nehmen auch gleichzeitig Gefühl, Empfindung, Licht, Geräusch, Klang, ja sogar Geruch und Geschmack wahr. Wir benutzen Mimik, Gesten, Gebärden und taktile Kontakte, um unsere Einbildungskraft zu verstärken, diese weiterzugeben und damit auch Botschaften zu übermitteln.

Musik und Sprache werden aber nicht allein durch Sinnesmodalitäten wirksam. Ihre Wirksamkeit hängt vor allem auch davon ab, in welchem Maße der Singende und Sprechende fähig ist, die "inneren" Verhältnisse einer gestalteten Form zu interpretieren. Die Einsicht in Zusammenhänge muß auch geistig erfaßt werden. Meist sind sie visuell über die Schrift und die Notenschrift erkennbar. Es können beispielsweise große Bedeutungseinheiten über das Auge simultan aufgenommen und dem Ganzen zugeordnet werden. Die Strukturen bestimmen Atmung, Melodie und Rhythmus. Der spielerische Umgang mit der Stimme erfordert auch fortwährende Übung, die zugleich wiederum Aufmerksamkeit und Konzentration fördert. Das soll hier ausdrücklich betont werden. Dieses Üben und Einüben verlangt Fingerspitzengefühl.

Der oft vollzogene, bequeme Schritt, jedes Lied und jeden Text zu "pädagogisieren", also Teile daraus als Übungsmaterial zu benutzen, kann ungewollt zur Verstümmelung führen und die Übersicht und Freude am Ganzen schmälern.

Die Körperlichkeit spielt beim Üben von Liedern und Sprache eine zentrale Rolle. Sie kann den Sinn einer Übung prägen und wird vom Lernenden als sinnvoll erkannt. Hier kann er selbst Phantasie einbringen und sich beim Entwerfen von Übe- und Spiel-Regeln beteiligen.

Dank an Kolleginnen und Kollegen

Vielen Kolleginnen und Kollegen - Herrn Berthold Kloss vom Bosse Verlag und vor allem den auf dem Titelblatt genannten Werner Beidinger, Horst Diening, Klaus Feßmann, Rainer Loska, Mathias Spahlinger, Simonetta Tüchler und Gunter Woß - bin ich durch berufliche Freundschaft verbunden. Sie brachten mich durch Gespräche, durch das zur Verfügungstellen von Kindermalereien, durch Gedankenspiele und vor allem durch ihre eigene schöpferische Tätigkeit in der komponierenden, schreibenden und denkenden Zunft auf viele Ideen.
Victor Batscheff, der die Cassette zu "Kurzspiele für die Stimme" produzierte und sein Freund Pit Widmer, haben sich mit Arrangements, eigenen Kompositionen und Hintergrundmusiken spontan in die Materie eingefühlt und akustisch lebendige Zusammenhänge geschaffen.

Die Sing-Mit-Cassette zum Buch enthält Atem- und Singspiele, Klangcollagen, ein Stimmendiagramm sowie weitere Musik, zu der man Texte sprechen kann, die im Buch stehen.
Einige Beispiele mit menschlichen Stimmen, Tierlauten, Geräuschen und Klängen kann man auch mit dem Körper auf verschiedenste Arten darstellen. Andere Hörbeispiele dienen der Information, sowohl der Aufforderung, Klänge, Laute und Stimmen zu erraten - oder bei Mitmachspielen - mitzusingen, mitzutanzen oder mitzupfeifen.
Zu jedem der 21 Hörbeispiele ist eine ausführliche Information beigegeben.

Das Buch "Kurzspiele für die Stimme" wendet sich an Musiklehrer(innen), an Erzieher(innen), an Lehrer(innen), an Sozialpädagogen(-pädagoginnen) und Eltern, die ihren Unterricht, und das Leben selbst, ideenreich gestalten wollen.

Lucie Steiner, Juli 1991

1. Reime und Geschichten

Lustige Reimspiele, Lieder vom Spielzeug- und Kaufmannsladen, Geschichten und Verse von wundersamen Tieren, vom Bilderbuch, das sind kleine Erzählereien, die Kinder lieben, weil sie ihren Erlebnisbereich unmittelbar treffen. Sie können sich dazu bewegen, sich an konkreten Spielsituationen erfreuen, Kontakte untereinander knüpfen und selbst Melodien zu Versen ausdenken.

Spielerische Atem- und Stimmspiele, die Vorstellungshilfen mit einbeziehen, beleben und pflegen die Kinderstimme. Das Körpergefühl - durch Bewegen und Darstellen gefördert - gibt Sicherheit.
Klangbeispiele sind Stützen zur Intonation, mit ihnen erreicht man musikalischen Fluß, auf dem auch die Stimme getragen wird.

Geschichten, die noch keiner weiß

Im Erzählton
auf Bordunklang: 

"Im Bilderbuch, da dreh ich alle Blätter um
und jedesmal find ich dazu Geschichten,
die noch keiner weiß,
soll ich sie euch erzählen?"

Lucie Steiner

Begleitung mit Geigen (leere Seiten g-d und d-a) oder anderen Instrumenten

Anregungen:

- neue Geschichten erfinden
- Bilder dazu malen
- Bewegungsspiele dazu erfinden
- Klangexperimente spontan realisieren
  Beispiele: "reiten" = 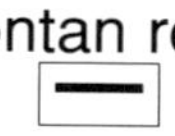
  "schlafen" = 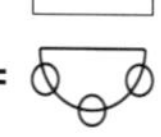

Die Giraffen und der Zirkuszug

Der kleine Stationsvorsteher und der Zirkuszug

Einmal, an einem gewöhnlichen Freitag- der kleine Stationsvorsteher hatte soeben seine Spiegeleier gegessen -, fährt ein ganz besonderer Zug in die Bahnstation ein. Es ist ein Zug voller Tiere. In einem Wagen sitzen Affen. Sie tragen rote und blaue Jäckchen und schauen ernsthaft zum Fenster hinaus. In einem anderen Abteil hockt eine Eisbärmama mit ihrem Eisbärenbaby. Da sind Ponys, Seehunde, Löwen, Tiger und Elefanten. Und ganz hinten, am Ende des Zuges, fährt eine Giraffe mit, die so groß ist, daß der kleine Stationsvorsteher den Kopf in den Nacken legen muß, um sie ganz zu sehen.
"Guten Tag!" springt da ein regenbogenbunter Clown aus einem der Wagen. "Wir sind ein Zirkus auf der Durchreise."
Und er läuft den Bahnsteig entlang und schaut nach seinen Tieren. "Alles in Ordnung!" ruft er.
Doch anstatt nun das Abfahrtssignal für den Zug zu geben, macht der kleine Stationsvorsteher ein äußerst bedenkliches Gesicht.
"Mit der Giraffe kommt ihr nicht unter der Brücke hindurch", meint er.
"Wir müssen durch", sagte der Schaffner. "Schließlich können wir nicht hierbleiben."
Da holt der kleine Stationsvorsteher eine Leiter und einen Zollstock, und sie messen die Brücke aus.
"Drei Meter fünfzig", sagt der Lokomotivführer.
"Nun messen wir die Giraffe!" ruft der Clown, und er legt die Leiter an den Giraffenhals und klettert empor. "Fünf Meter vierzig", mißt er.
"Dann ist sie zu groß", stellt der Heizer fest.
"Wer sagt, daß die Giraffe zu groß ist", meint der Clown, "die Brücke ist zu niedrig".
"Die Giraffe muß aussteigen", befiehlt der Lokomotivführer. "Sonst können wir nicht weiterfahren."
"O nein", der Clown schüttelt den Kopf. "Die Giraffe bleibt drin! Sie hat nämlich Fahrgeld bezahlt."
"Fahrgeld hin, Fahrgeld her!" ruft der Schaffner, und es dauert keine Minute, da sind sie alle miteinander im Streit. Sogar die Tiere beteiligen sich. Die Ponys wiehern, die Seehunde bellen, die Elefanten trompeten, die Eisbären brummen, die Tiger fauchen, die Löwen brüllen, und die Affen trommeln gegen die Fensterscheiben.
Nur die Giraffe schaut freundlich auf alle hinab, und sie tut, als gehe sie das Ganze nichts an. Endlich, als die Männer von der Aufregung so müde geworden sind, daß sie nicht mehr weiterstreiten können, fällt dem kleinen Stationsvorsteher etwas ein. Er rupft im Garten ein paar Salatblätter aus und wirft sie der Giraffe in den Wagen.
"Paßt auf!" sagt er - und wahrhaftig, die Giraffe senkt ihren Kopf und beginnt zu fressen.
Und weil sie dadurch zwei Meter kleiner wird, kann der Zug nun ohne Schwierigkeiten unter der Brücke hindurchfahren.
"Ja, ja", brummt der kleine Stationsvorsteher stolz, und den ganzen Tag fühlt er sich wunderbar.

Gina Ruck-Pauquèt

Anregungen:
Als Vorlesegeschichte, als Darstellungsszene und Tierstimmenspiel geeignet.

Giraffen die gaffen

Giraffen, die gaffen von oben herab.
Sie wenden den Hals. Passiert was? Und falls
nichts geschieht - sie singen ihr Lied.

Simon Reniet

Itzen, ditzen, Silberschnitzen

Kinderreim

Anregung zum begleitenden Klangspiel:

Klangmaterial

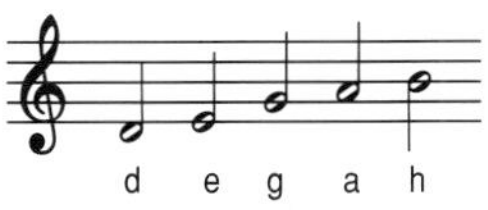

- aus dieser Reihe wählt man beliebige Töne aus und spielt auf Taktschwerpunkt *legato.*

- Der Auszählvers wird *staccato* artikuliert.
- Einzelne Kinder spielen auf den Klangplatten als "Antwort" die Anzahl von Tönen, die ihrem Alter entsprechen.
- *Transponieren* mit der Stimme: Bei gleichem Klangmaterial kann der Reim auch mit den Tönen e und d oder a und g gesungen werden.

Meine große Spielzeugkiste

volkstümlich

2. Hier ist noch ein Kaufmannsladen, Tüten klein am bunten Faden.
Er hat Dinge wunderschön, was kann man hier alles sehn?
Eine Waage mit Gewichten, hier ein Büchlein mit Gedichten,
bunte Kugeln, Perlen, Steine und auch Bilder, aber feine ...
und jetzt kommt zuletzt noch an mein allerliebster Hampelmann.

Anregungen:
Singen, sprechen, sehen, tasten, fühlen, schmecken, riechen ... Erkennen, benennen, bewußt machen ...

○-○ Akustisches Ratespiel

Wir hören die Stimmen von Tieren, Menschen und Geräusche aus der Umwelt. Deshalb kann vor der nachfolgenden "Reimwörtersuche" das Hörbeispiel auch als eine Art sinnenhaftes Merkspiel erprobt werden.

Die akustische Erinnerung an Tierlaute, menschliche Stimmen und Geräusche beschleunigt das gesprochene Mitgestalten der Reimsuche. Sie macht auch die Bewegung und Sprache lebendig.

Reimwörtersuche "Was wär?"

Was wär ein Löwe ohne Mähne?
Was wär ein Haifisch ohne Zähne?
Was wären Pferde ohne Schwanz?
Was wär ein Ganter ohne Gans?

Was wären Dinge ohne Namen?
Was wären Herren ohne Damen?
Was wär ein Bauer ohne Kuh?
Was wär ein Fuß bloß ohne Schuh?

Was wären Eltern ohne Kinder?
Was wär ein Sommer ohne Winter?
Was wär die Wiese ohne Gras?
Was wär der Wein nur ohne Glas?

Was wär ein Auto ohne Räder?
Was wären Bäume ohne Blätter?
Was wär die Brücke ohne Fluß?
Was wär ein Anfang ohne Schluß?

Luise Wild

Doppelmoppel

Der Herr von Doppelmoppel
Hat alle Dinge doppel.
Er hat ein Doppelkinn
Mit Doppelgrübchen drin.
Er führt ein Doppelleben,
Das zweite stets daneben.
Er hat ein Doppelweib
Zum Doppelzeitvertreib.
Der Herr von Doppelmoppel
Hat eben alles doppel.

Kurt Schwitters

Die Vogelscheuche

Werner Beidinger

Teil A: Baß- oder Altxylophon

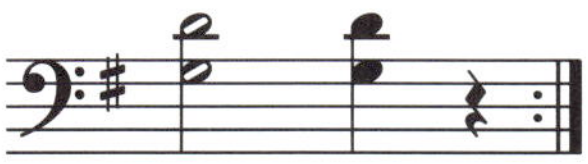

Teil B: Alt- oder Sopranxylophon

Anregungen:

- Gespräch über die Jahreszeiten
- eine Vogelscheuche selbst herstellen
- mit dem eigenen Körper Vogelscheuche darstellen, wie im Liedtext beschrieben
- Liedbegleitung

Alternative zum Teil A: Sopranxylophon oder Altglockenspiel und Flöte

Der Hut der Vogelscheuche

Es war einmal ein Hut,
der hielt sich für sehr gut.
Er bildete sich ein,
der beste Hut zu sein.
Es dachte auch der arme Tropf,
er säß auf einem klugen Kopf.
Er sprach sehr stolz nach unten hin:
Wie hoch ich bin,
wie hoch ich bin.

In Wirklichkeit war er schon lange
das Ende einer Bohnenstange,
vertrieb die Vögel ins Gesträuche.
Er war der Hut der Vogelscheuche.

Wolfgang Buschmann

Irrtümer

Eine rosarote Katze,
Eine himmelblaue Maus
Treffen sich am Antonplatze
Und erkennen sich durchaus.
Und die Maus will sich verstecken,
Und dann sagt sie: Keine Not,
Nie sah ich das Maul sich lecken
Eine Katze rosenrot.

Und die Katze nahet leise,
Bleckt den Zahn und stellt den Bart,
Bis sie ihrer Mittagsspeise
Sonderbares Fell gewahrt.

Und sie läßt die Maus am Leben
Wiederum auf Grund des Blaus,
Und sie spricht: Das kann's nicht geben,
Eine himmelblaue Maus.

Und sie wandeln von dem Platze
Ohne Zwischenfall nach Haus,
Rechts, nach Weißensee, die Katze,
Links, nach Lichtenberg, die Maus.

Peter Hacks

Vom Sprechvers zum Lied

Katzen können Mäuse fangen
haben Krallen wie die Zangen.
Schlüpfen durch die Bodenlöcher
und zuweilen auf die Dächer.
Mäuschen mit dem Ringel-
schwänzchen
halten auf dem Dach ein
Tänzchen.
Leise, leise kommt die Katz'
fängt die Maus mit einem Satz.

volkstümlich

Anregungen:
- eigene Melodie zum Sprechvers finden
- Tonleiterlied (auf und ab 2x)

- Dreiklänge

Mein Schifflein

Mein Schifflein schaukelt hin und her.
Es segelt weit ins blaue Meer.
Schaukle hin, schaukle her,
schaukle, Schifflein, durch das Meer.

Die beiden Hände sind mein Kahn,
die Luft die blaue See.
Da legt mein kleines Schifflein an.
Ich steig hinein, ade!

Dorothée Kreusch-Jacob

Anregung:
Das "Schifflein" ist ein zusammengefalteter Papierball. Er liegt in der Handfläche und schaukelt im Sprachrhythmus hin und her.

Am Ende wird das "Schifflein" aufgeblasen und vom Wind ins weite Wasser getragen (mit leichten Atemstößen auf dem Fußboden herumpusten).

2. Das Huhn in der Bahnhofshalle

Die Menschen haben großes Interesse für Tiere. Menschliche Verhaltensweisen werden oft mit denen von Tieren verglichen. Hunde, Katzen und Vögel sind in vielen Haushalten zusätzliche Gäste, die eine eigene Pflege brauchen. Kinder bringen oftmals auch Tiere mit nach Hause, seien es Schnecken, Maikäfer oder eine herumstreunende Katze. Sie haben selten Angst vor Tieren, denn Tiere finden ihre ungeteilte Aufmerksamkeit nicht nur in der Natur, sondern als "Spiel"-Gefährte, als Plüschtier im Rollenspiel. Die Medien und Werbeträger verwenden Tierfiguren als Symbol der Schlauheit, Findigkeit, des Temperaments und des Glücks.
Das Huhn in der Bahnhofshalle oder der sechsbeinige Elefant werden allerdings selten gesehen. Oder?

Wißt ihr, wo die Schnecken

Luise Wild

Anregungen:
- als Spiel darstellen
- Auf- und Abwärtsbewegungen der Melodie mitzeigen
- Zeile I und II in Gegenbewegung

Wickel, wackel

volkstümlich

2. Kritze, kratze, so heißt unsre Katze,
streichle ich ihr schönes Fell,
beißt und kratzt sie mich ganz schnell.
3. Klimster, klamster, so heißt unser Hamster
frißt mir alle meine Kerne,
hab ihn aber trotzdem gerne.
4. Licke, lecke, heißt die Gartenschnecke
kriecht so gern von Kohl zu Kohl,
fühlt sich dabei pudelwohl.
5. Winne, wenne, heißt die weiße Henne,
legt uns jeden Tag ein Ei,
macht dabei ein groß Geschrei.

Ich heiße August Fridolin

Barbara Böke

3. Wir haben auch noch Kinderlein,
die wackeln lustig hinterdrein.
Wadi wapp ...

4. Und wollt ihr uns mal seh'n so froh,
dann geht mal wieder in den Zoo!
Wadi wapp ...

Wadi-wapp-Marsch

Anregung:
Als Bewegungsspiel der Pinguine gestalten.

Anwendbar

Ein weich verpackter,
Ein fein befrackter,
Nicht sehr intakter
Charakter.
Friedrich Theodor Vischer

Das Huhn in der Bahnhofshalle

Hier hören wir Bahnhofsgeräusche und Hühnergegacker als Stimmungshintergrund zum Vortrag oder zur Einstimmung des Verses.

Die ungewöhnliche Kombination von Geräuschen, Klängen, Stimmengewirr und Tierlauten soll Phantasie auslösen, selbst solche Klang- und Sprechstücke zu produzieren.

Das Huhn in der Bahnhofshalle

In der Bahnhofshalle, nicht für es gebaut,
geht ein Huhn
hin und her ...
Wo, wo ist der Herr Stationsvorsteh'r?
Wird dem Huhn
man nichts tun?
Hoffen wir es! Sagen wir es laut:
daß ihm unsre Sympathie gehört,
selbst an dieser Stätte, wo es - "stört"!
Christian Morgenstern

Hab ich ein paar Bären

aus Israel

2. Hab ich ein paar Ziegen, die die Kinder
   wiegen ... Ach Wunder ...
   wie die Ziegen Kinder wiegen,
   wie die Bären Stuben kehren ...

3. Hab ich ein paar Hähne, die mir
   spalten Späne ... Ach Wunder ...
   wie die Hähne spalten Späne,
   wie die Ziegen ...

4. Hab ich ein paar Tauben, die mir
   nähen Hauben ... Ach Wunder ...
   wie die Tauben nähen Hauben,
   wie die Hähne ...

5. Hab ich ein paar Kätzchen, die mir
   backen Plätzchen ... Ach Wunder ...
   wie die Kätzchen backen Plätzchen,
   wie die Tauben ...

Zum Text Bewegungsspiel erfinden

Der Tausendfüßler

Werner Beidinger

2. Er träumte nun die ganze Nacht von einem Wandertag, an dem er mal spazieren könnt' ganz ohne Weh' und Plag. Und als die Sonne aufging machte er sich gleich daran, und zog sich an die ersten Füße ein paar Schuhe an.

3. Ihr könnt euch wohl schon denken wie die Sache weitergeht, als er noch nicht die Hälfte hatte war es schon sehr spät. Und als er dann beim letzten Schuh die Schleife zugemacht, da ging die Sonne unter und sie hat ihn ausgelacht!

Der Tausendfüßler geht ums Haus

Der Tausendfüßler geht ums Haus
und alle Leute gucken raus. *volkstümlich*

Anregungen:

- Fingerspiele auf Instrumenten (Handtrommeln, Stabspiele) mit Handschuhen, an denen Knöpfe angenäht sind.
- mit den Händen "Fernrohre" bilden.

Grillenhochzeit

Als die Grille freien ging,
freite sie die Schnake,
kam die Laus herangeschlurft
wurde Hochzeitpate.

Floh kam auch herbeigehüpft,
führt die Braut zum Feste,
Käferlein und Mücken klein
waren Hochzeitsgäste.

Glühwurm trug das Hochzeitslicht,
Heimchen sang ein Liedel,
Predigt hielt ein Schmetterling,
Heuschreck spielte Fiedel.

Cello strich ein Bienenheer,
Kontrabaß die Hummel,
Holzblock schlug die Pauke und
Siebenbein die Trummel.

Zecken holten Tisch und
Wespen holten Stühle.
Ein Marienkäfer war
Ordner im Gewühle.

Motte nahm die Mäntel ab,
Fliege wusch die Teller,
Tausendfüßler holt im Trab
Flaschen aus dem Keller.

Ameis buck das Hochzeitsbrot,
Reblaus war der Schenke.
Bis zum vollen Morgenrot
ging das Fest. Man denke!

Ungarisch

Tiere und Musik

Das mosaikartige Zusammenwirken von linearem Sehen, erinnerndem Hören und denkendem Kombinieren erhöht den Reiz des Spiels.

Tierrätsel

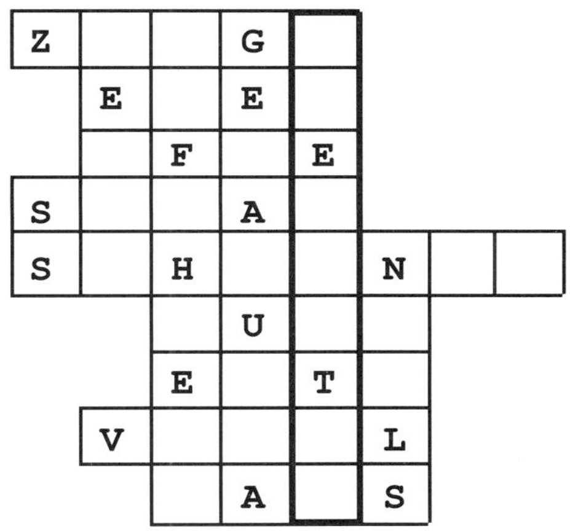

Bei diesem Tierrätsel erhält man das Lösungswort, wenn alle Tiere herausgefunden wurden.

Anregungen:
Zur Musik (zu der man auch ein Bewegungsspiel gestalten kann) rufen die Tiere ihre “eigene Melodie”.
Wenn man die Tiere erkennt, läßt sich das “Tierrätsel” noch besser lösen.

Sechs Beine hat der Elefant Mathias Spahlinger

sprechquartett

text aus ›kinderverwirrbuch‹ von ringelnatz

A

1. tacet

2.	sechs beine hat der elefant	er wird auch mißgeburt genannt	sechs beine hat der
3.	elefant, er wird auch mißgeburt	genannt. sechs beine hat der	elefant, er wird auch
4.	mißgeburt genannt. 6 beine	hat der elefant, er wird	auch mißgeburt genannt.

p (fast gemurmelt) poco a poco cresc.

2.	elefant er wird auch	mißgeburt genannt	sechs beine hat	der elefant	er wird auch	mißgeburt
3.	mißgeburt genannt.	sechs beine hat	der elefant,	er wird auch	mißgeburt	genannt. sechs
4.	6 beine hat der	elefant, er wird	auch mißgeburt	genannt. 6	beine hat	der elefant

poco a poco cresc.

2.	genannt	sechs beine	hat der	elefant	er wird	auch	miß	geburt	genannt
3.	beine hat	der elefant,	er wird auch	mißgeburt	genannt.	sechs	beine	hat	der
4.	er wird auch	mißgeburt	genannt.	sechs beine	hat der	ele	fant,	er wird	auch

poco a poco cresc.

2.	sechs	beine	hat	der	ele	fant	er wird	auch	miß	ge	burt	genannt
3.	ele	fant,	er wird	auch	miß	geburt	genannt.	sechs	bei	ne	hat	der
4.	miß	geburt	genannt.	sechs	beine	hat	der	ele	fant,	er	wird	auch

poco a poco cresc. - - - - - - - - - - - - f

B marschtempo

1.													↙				
2.	6	bei		ne	hat		der	e	le		fant		er	wird	auch	miß	
3.	e		le	fant		er	wird	auch		miß		ge	burt	ge		namt ↓	
4.		miß	ge	burt		ge	namt		sechs		bei	ne	hat		der ↓		e

1.		wie?					he?					na!		was?			
2.	ge			burt				ge		namt					6		
3.				6		bei		ne	hat					der			
4.	le		fant					er					wird	auch			

1.				he!					äh!			uh?				
2.				bei				ne								
3.		e						le					fant			
4.	miß	ge		burt				ge								namt

2

C

1.	sechs beine … (text 1X) largo, molto espressivo, ff
2.	sechs beine … } so schnell wie möglich, text so oft wiederholen, bis 1. fertig
3.	elefant …
4.	mißgeburt … f

regieanweisung

① ist der reiter auf einem »sechsbeinigen elefanten«, der von ②, ③ und ④ gebildet wird (zeichnung), indem das vordere kind [②] den arm als rüssel, das hintere [④] den arm als schwanz ausstreckt.

mit dem beginn jeder textgruppe bewegt sich der elefant um einen schritt voran; die schritte folgen also mit kürzerwerden der textgruppen schneller aufeinander. der text selbst wird rasch gesprochen, mit deutlich trennenden pausen zwischen den gruppen.

[A] der elefant tritt von links hinten auf, beschreibt im verlauf von A einen bogen und befindet sich bei beginn von B in der mitte der bühnentiefe, auf der rechten seite, mit schrittrichtung links.

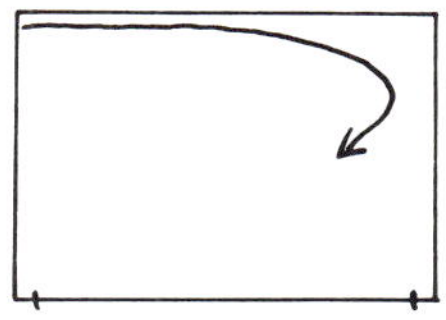

[B] der elefant beginnt, sich in seine teile aufzulösen. nur wer text zu sprechen hat macht einen schritt (zunächst noch gleiche richtung; auch körperhaltung beibehalten). bei ✓ springt ① von ③ ab und bleibt stehen. ② geht geradeaus weiter, ③ geht ab ✓ diagonal, ④ geht ab ✓ in richtung publikum weiter.

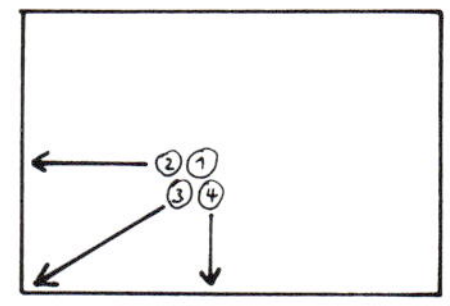

nach B große pause

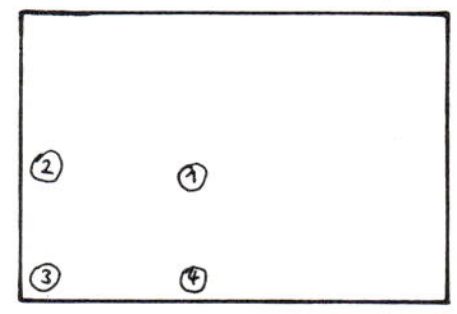

[C]

②, ③ und ④ wenden sich sehr langsam ① zu. pause. mit textbeginn gehen ②, ③ und ④ auf ① zu, ① kommt ihnen entgegen, alle mit großen, wütenden gesten. mit textende gibt ① zeichen für das gleichzeitige verstummen.

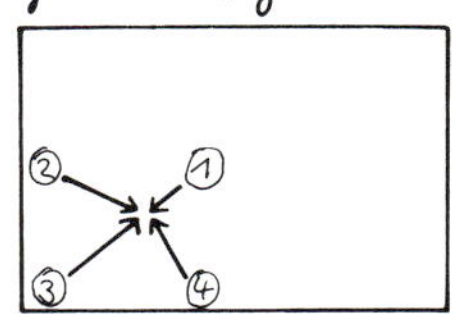

3. Das neue Jahr im Januar

Jahreszeitenlieder sind immer beliebt und gesucht. Es gibt unzählige Volkslieder zu den Jahreszeiten, "Hymnen" von großen Komponisten und Dichtern wie "Frühling läßt sein blaues Band wieder flattern durch die Lüfte", der "Wonnemonat Mai" wird besungen, der berühmte "Sommer ist ins Land gekommen", "Bunt sind schon die Wälder" und "Der Winter ist ein starker Mann".
Auch in der heutigen Zeit, wo die Wetterregeln oft durcheinandergewirbelt werden und viele eine kommende Klimakatastrophe befürchten, haben uns Verse und Lieder noch viel zu sagen. Sie enthalten Sehnsucht nach der heilen Welt, Bewunderung für die Natur und sind oft "Stimmungsbarometer", bei dem auch der Lebenskreis im Jahreslauf aufgezeigt wird. Es ist ein Wechsel von Spannung und Entspannung, der weite Bogen der Gefühle: Ein Sich-Öffnen am Jahresbeginn und ein Sich-Schließen am Ende des Jahres.

In diesem Kapitel ist der Anspruch auf das "ewig Gültige" abgewandelt zugunsten noch unbekannter, meist sehr einfachen Lieder und Verse, verfaßt für Eltern und Kinder, die gerne miteinander singen und dazu mit einfachen Instrumenten musizieren wollen.

Das neue Jahr im Januar

Luis Steiner

Ostinato zum Lied:

2. Der Februar, so wunderbar, sein Wind weht wuchtig eine Fährte
durch Schnee und Eis zum Frühling hin, der März macht alles wieder grün.

3. April, April tut was er will, er wechselt dauernd seine Laune,
bringt Scherz und Lust, ist kalt und warm, hat schon den Maienbaum im Arm.

4. Drum jedes Jahr beginnt fürwahr mit festem Schritt, so wie ein Bauer:
Sä' aus die Saat, bestell dein Feld und freue dich an Gottes Welt.

Erster Tag

Erster Tag im Jahr,
Nichts ist böse, nichts ist gut,
sondern alles - lebt!

Shiki

Sommer legt sein grün' Gewand

aus den französischen Alpen
Text: Lucie Steiner

Anregungen:

- ruhig fließendes Bewegungsspiel mit Händen und Armen
- lautmalerische Effekte mit Instrumenten
- Instrumentenimprovisation mit F-Dur-Dreiklängen (Vor-, Zwischen- und Nachspiel)

Bis in den Herbst hinein

Der Schmetterling wurde auf einen Ball geladen. Er freute sich sehr, flog nach Hause und suchte das schönste von all seinen Kleidern aus. Doch plötzlich fiel ihm ein, daß er in der Eile vergessen hatte zu fragen, wo der Ball stattfinde.
Ich werde zu den Blumen fliegen, dachte der Schmetterling, die Blumen werde ich fragen. Und er zog das Ballkleid an und flog auf die Wiese, wo die Blumen stehen. Sagt mir bitte, wenn ihrs wißt, wo der Ball sein wird, sagte der Schmetterling und flog von einer Blume zur andern. Nein, sagten die Blumen und schüttelten den Kopf, wir wissen's nicht.
So irrte der Schmetterling in seinem Ballkleid von einer Blume zur anderen bis in den Herbst hinein, weil es auf der Wiese viele, viele Blumen gab.

Irina Piwowarowa

September, September

Lucie Steiner

Grafiken mit Stimme und Material

Sehen, singen, hören, erkennen

Anregungen:
Durch mehrkanaliges Lernen - mehrere Sinne wirken zusammen - kann man effektiver und lustvoller lernen. Gemeinsame Spiel-Regeln erleichtern die Aufgabenstellung und -lösung. Kreative Weiterentwicklung und Fortführung werden gefördert.

- Mit Tüchern werden lange "Streifen" gelegt. Die Strukturen werden mit den Armen nachgezeigt und gleichzeitig stimmlich dargestellt, z. B. mit stimmhaften Konsonanten.
- Die Tücher werden als "Klangpunkte" auf den Boden gelegt und mit Lauten, wie tip, tip ... oder dü, dü ... oder ähnlich, von weitem angetippt.
- Geschweifte Tücher werden auf den Fußboden gelegt und ergeben Glissandi. Die zeigenden Bewegungen entsprechen wieder der Stimmbewegung. Akustische Strukturen entsprechen den optischen Strukturen.

Beim Abhören der aufgenommenen Stimmspiele können diese sofort wiedererkannt werden.
Beim Gruppenspiel ergeben sich reizvolle Klangspiele, die auch als Illustrationen für Geschichten geeignet sind.

Der Herbst ist da

Lucie Steiner

Mond und Stern

Luis Steiner

Anregungen:

- Begleitform zum Improvisieren auf Instrumenten (Tonreihe f g a c d)
- ab "Himmel" ... mit "zartes Sternengeflimmer" bis zum Liedende
- die beiden Schlußtakte mit

○-○ Laternenlieder

Bekannte Laternenlieder zum Mitsingen und Mitspielen auf elementaren Instrumenten haben Aufforderungscharakter und machen Übung zum Spiel. Das neue Laternenlied "Mond und Stern" kann vertieft werden.

Reihenfolge:

Laterne, Laterne (aus Hamburg)
Durch die Straßen (Text: L. Holzmeister, Melodie: R. R. Klein)
Ich geh mit meiner Laterne (aus Holstein)
Mond und Stern (Luis Steiner)

Sankt Martin

Werner Beidinger

2. Er zeigte stets sein Erbarmen
mit Bettlern und den Armen.
Sankt Martin, Sankt Martin
zog gleich seinen Mantel aus,
Sankt Martin, Sankt Martin -
und machte zwei Teile draus.

3. Wir wollen uns etwas merken
von seinen guten Werken.
Sankt Martin, Sankt Martin
Dein Beispiel ist uns nicht fern,
Sankt Martin, Sankt Martin -
auch wir helfen and'ren gern.

Der Nikolaus

Luise Wild

2. Es ist der liebe Nikolaus, der jedes Jahr im Winter
am Niklaustag in jedem Haus erfreut die braven Kinder.

Rhythmisch sprechen: nach jeder Strophe, solo-tutti oder mit Instrumenten

Liaba Hergott im Himmi
hab an oanzige Bitt:
Wann d'Buam und Deandl singa,
Liaba Hergott, sing mit! *Bayern*

Schneemann

Erna Woll

2. Kleid verziert mit Kohlen fein! Schneemann du könntest ein König sein!
3. Auch die Nase fehlt dir nicht. Hast eine Rübe im Gesicht!
4. Auf dem Kopf den alten Hut, daß dich die Sonne nicht stechen tut.
5. Einen Besen an der Seit, stehst du so stolz da und so breit.
6. Schneemann du, nun gib fein acht, daß dich die Sonne nicht kleiner macht!

○-○ Stimmendiagramm

Es erklingen nacheinander fünf verschiedene menschliche Stimmen.

Anregungen:
Man hört auf die einzelnen Stimmen und zeigt den Stimmverlauf in der Luft mit. Man ahmt diese Stimme nach und achtet auf die Tonhöhe, auf Metrum und Rhythmus.
Jede Stimme wird auf Papier aufgezeichnet. Für jede Stimmführung wird eine andere Farbe verwendet. Man kann die Stimmen einzeln aufmalen oder übereinander. Es entsteht ein Farb-Klang-Teppich, ein Stimmengeflecht, aus dem jede einzelne Stimme ersichtlich ist.

Starr stand der Frost

Starr stand der Frost.
Lang war die Nacht.
Jetzt blaut der Tag.
Das Dorf erwacht.

Erwin Strittmatter

Bei Erwin Strittmatter, einem Lyriker der Gegenwart, finden sich Beispiele für die durchgängige Verwendung einsilbiger Wörter. Sie sind ein wirksames stilistisches Mittel der Gestaltung.

Anregungen:
Drei Bewegungsgruppen - unterschiedlich gekleidet - betreten den Raum.

- Sie bleiben stehen.
- Ein Sprecher trägt langsam, Zeile für Zeile, den Text vor.
- Jede Gruppe gestaltet das dem Text entsprechende Bewegungsmuster. Sie bleibt in dieser Haltung stehen, bis die letzte Zeile gesprochen ist: “das Dorf erwacht”. Alle drei Gruppen stellen gemeinsam das “Erwachen” dar.

Wie lustig ist's im Winter

Österreich
Satz: Luis Steiner

Ein Königskind geht in die Welt

Gunter Woß

2. Ein Königskind geht in die Welt. Jauchzet ...
Von Sternen wird sein Weg erhellt ...
Dieses Kindlein das ich meine heißt mit Namen Jesu Christ
und es wird die Welt regieren! Wunder das geschehen ist.
Ein Königskind ...

4. Heimat überall

Heimat begreifen kann historisch gewachsen sein, Heimat ist da, wo man geboren ist. Nach der Heimat hat man Heimweh und Sehnsucht und viele Menschen fühlen und leben in "ihrer" Heimat, da, wo sie sich wohlfühlen.
Heimat ist von Landschaft und Leuten geprägt, von Freunden und der Familie. Man kann auch in eine neue Heimat hineinwachsen, wenn Frieden dort ist.

So betrachtet, kann Heimat überall sein. Heimat ist mehr als ein Lied und dennoch ist es gerade die Musik, die Eigenart der Menschen, ihre Sprache, ihre Arbeit, das Fröhlich- und Traurigsein, das sich im Tanz und im Lied wiederspiegelt.
Im Buch "Kurzspiele für die Stimme" sind deshalb - nicht nur bei diesem Kapitel - die "Stimmen" der Menschen aus vielen Ländern vertreten.

Atte katte nuwa

Lied der Eskimos

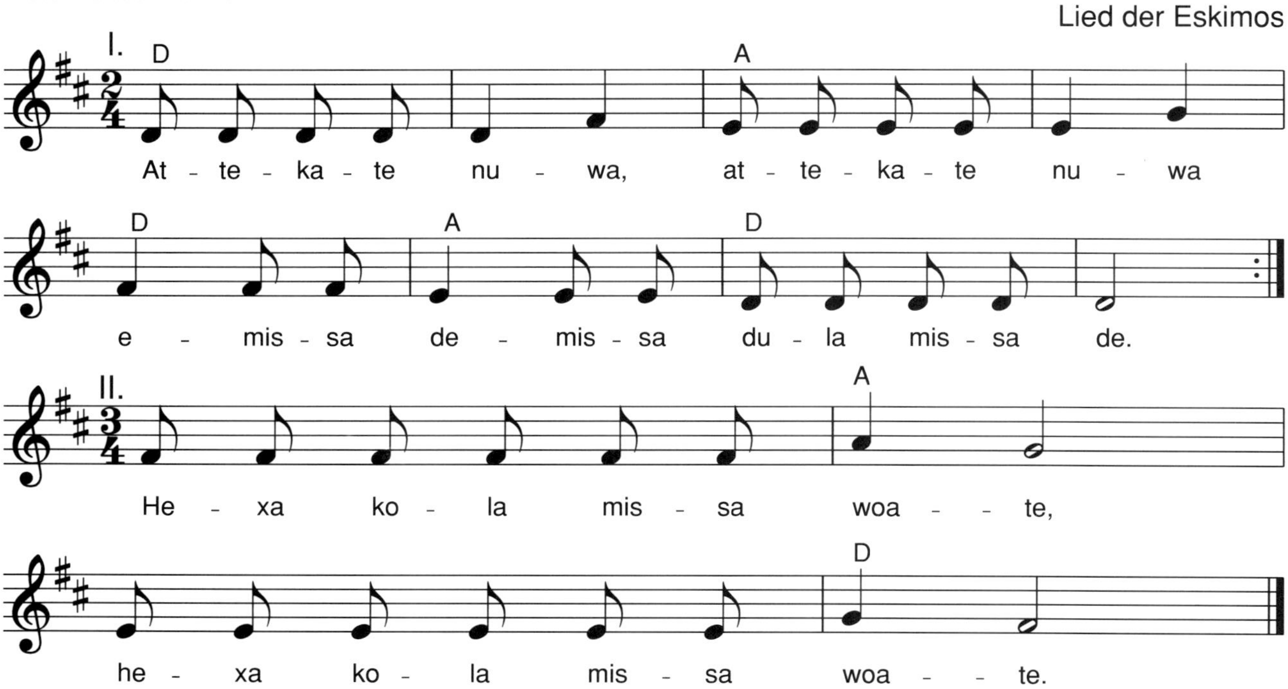

Anregungen:
Durch Bewegung aufgezeigte Tätigkeiten beeinflussen die Stimmaktivität. Bei jeder Liedzeile wird die Bewegung gewechselt. *Anregung*: Der Eskimo fängt Fische. 1. Zeile = Netze auswerfen, 2. Zeile = Fische fangen, 3. Zeile = Fische braten, 4. Zeile = ausruhen. Weitere Abenteuer gestalten. Als Vorspiel kann der Sprachrhythmus des zweiten Teiles auf elementaren Instrumenten gespielt werden.

Stimmspiele mit Materialien

Um die Stimme locker und geschmeidig zu erhalten, können Stimmspiele mit leichten Materialien Wunder wirken.

Anregungen:
Farbige Nylontücher wirft man in die Luft. Das Abwärtsschweben wird mit einem Stimmglissando begleitet. Das Tuch wird mit beiden Händen umschlungen und zwischen den gewölbten Handflächen "versteckt". Allmählich öffnen sich die Hände und ganz langsam "wächst" aus einer kleinen Knospe eine volle "Blüte". Dieses Aufblühen wird mit Stimmungslauten "ah", oder "oh" begleitet. Die Stimme kann auch Laute bilden, als würden den "Blüten" besondere Wohlgerüche entströmen.
Farbe, zartes Material, Vorstellungshilfen und Körperbewegung lassen die besondere Stimmqualität entstehen.

O-O Afrikanischer Trommeltanz

Anregungen:
Nach jeder musikalischen Phrase hört man ein neues Trommelinstrument hinzukommen.

- Man kann die Bewegungsrichtung im Raum wechseln
- Verschiedene Arbeitsbewegungen ausführen
- Partnerspiele darstellen

Stimmen und Bewegung

Freundschaftslied aus dem Senegal (Westafrika)

Anregung:
Es werden Namen von Anwesenden eingefügt.

Unsere Stimmung

Luft, Klima, Wasser reizen unsere Stimme und "färben" unsere Stimmung. Wenn wir wandern, uns bewegen oder baden, singen wir oft. Singen wird auch als "Arznei" zum Fröhlichwerden verordnet: "Sing ein Lied, wenn Du mal traurig bist!"

Italienisches Sprichwort

Dal dire al fare
c'è di mezzo il mare.

Zwischen Reden und Tun
liegt das Meer.

Hei, die Pfeifen klingen

Aus der Slowakei

2. Pfeift und laßt uns leben, will zwei Groschen geben,
Wirt nimm einen in die Hand! Einen kriegt der Musikant.

3. Zicklein auf dem Rasen, dein Fell muß heut blasen;
ist das Zicklein nimmer ganz - spielt der Dudelsack zum Tanz.

Anregungen:

Dudelsackquinten f'-c'' und c'-g' zum Liedteil zuordnen. Beim Vorspiel, Zwischenspiel und Nachspiel kann die Flöte zu den Dudelsackquinten die Liedmelodie spielen oder frei improvisieren.

ebbe und flut

ebbeebbeebbeebbeebbeflut
ebbeebbeebbeebbeebbeebbe
ebbeebbeebbeebbeebbeflut
ebbeebbeebbeebbefluuuuut
ebbeebbeebbefluuuuuuuuut
ebbeebbefluuuuuuuuuuuuut
ebbefluuuuuuuuuuuuuuuuut
fluuuuuuuuuuuuuuuuuuuuut
ebbefluuuuuuuuuuuuuuuuut

ernst jandl

Anregung:
Den Text betrachten, darüber sprechen, mit dem Hörbeispiel vergleichen, Bewegungen dazu erfinden, Geräusche und Klänge bewegungsmäßig darstellen.
- "Klanggruppe" mit farbigen Tüchern
- "Geräuschgruppe" mit Blau, Grau, Schwarz und Weiß.
- Einander gegenüberstehend agieren die Gruppen einzeln oder zusammen.

Herr Keuner und die Flut

Herr Keuner ging durch ein Tal, als er plötzlich bemerkte, daß seine Füße in Wasser gingen. Da erkannte er, daß sein Tal in Wirklichkeit ein Meeresarm war und daß die Zeit der Flut herannahte.
Er blieb sofort stehen, um sich nach einem Kahn umzusehen, und solange er auf einen Kahn hoffte, blieb er stehen. Als aber kein Kahn in Sicht kam, gab er diese Hoffnung auf und hoffte, daß das Wasser nicht mehr steigen möchte. Erst als ihm das Wasser bis ans Kinn ging, gab er auch diese Hoffnung auf und schwamm. Er hatte erkannt, daß er selber ein Kahn war. *Bertolt Brecht*

Der Winter ist vorüber

italienische Schweiz

2. Da droben im Gebirge ist aller Schnee getaut,
der alte Schelm der Kuckuck, schaut wo ein Nest gebaut.
Kuckuck, Kuckuck ...

3. Die Schöne hinterm Fenster schaut sich die Augen aus
und hofft, daß ihr der Kuckuck den Liebsten bringt nach Haus.
Kuckuck, Kuckuck ...

4. Der Mai der liebe Maien, das ist die beste Zeit,
er läßt doch alles blühen, sobald der Kuckuck schreit.
Kuckuck, Kuckuck ...

Anregung: Ab Teil B auch als Kanon

Klangspiel "Regenbogen"

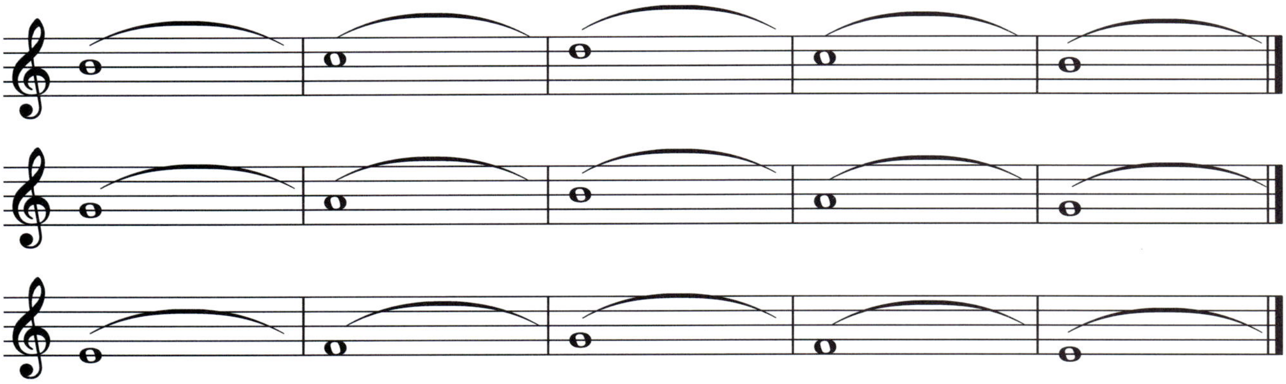

auf Vokale "a", "o" oder "u" singen. Bei jeder ganzen Note vier Schritte gehen, gleichmäßig und langsam; zunächst nur eine Stimme, allmählich - je nach Altersgruppe - mit drei Stimmen. Man kann den Melodiebogen auch dynamisch durch Bewegung darstellen.

aus dem Unterricht

Seht es regnen, seht es sprießen

Mähren

2. Seht es schimmern, seht es glänzen, seht die Knospen grün erglänzen ...
3. Laßt es regnen, laßt es gießen, grüner Kraut und Gräser schießen ...
4. Wollt dem Regen niemals wehren, Erd und Himmel ihn begehren ...

Anregung:
Teil A leichtes Staccato, Teil B legato, wobei bei jedem Taktende die Stimme zurückgenommen wird.

Un jetz isch us

Aus dem Schwarzwald

2. Un wenn i keine Schuh mehr, züseli, büseli, rädädä,
   un wenn i keine Schuh meh han.

3. So leg i's Vaters Schlurbe, züseli, büseli, rädädä,
   so leg i's Vaters Schlurbe a.

4. Und tanz as wie ne alte, züseli, büseli, rädädä,
   un tanz as wie ne alte Ma.

Anregung:
Das Wortspiel “züseli, büseli, rä-dä-dä” locker und leicht artikulieren oder nur mit Instrumenten (kurzklingend) darstellen.

Fröhlich ist die Weihnachtszeit

Aus Rußland

2. Haustor und der Gartenzaun sind in Farben rot und blau,
   auf dem Zaun für jedes Kind schöne goldne Kugeln sind.

3. Sind drei Fenster in dem Haus, schaut der Himmel
   selbst heraus.
   Hausherr, der inmitten sitzt, wie die goldne Sonne blitzt.

4. Heller als der Silbermond ist die Hausfrau, die dort wohnt,
   alle ihre Kinderlein sind so hell wie Sternenschein.

◯-◯ Stimmen im Kanon

Der Kanon ist zur beliebtesten Form mehrstimmigen Singens und Musizierens geworden. Man kann die Stimmen der Instrumente beim Hören verfolgen, mitsummen, auf Tonsilben singen oder den Text (Seite 37) mitsingen. Zur Musik kann man klatschen, stampfen, klopfen, mit den Fingern schnipsen oder pfeifen.

Basilikum

Draußen auf dem Felde
säten wir Basilikum,
Silikum ...

Mädchen sollen backen
Brot uns mit Basilikum,
Silikum ...

Alle Brote schmecken
würzig mit Basilikum
Silikum ...

Hocherhobnen Hauptes
geht man durch Basilikum,
Silikum ...

Darum sä'n wir heute
auf dem Feld Basilikum,
Silikum ...

Bulgarien

Vorspiel, Zwischenspiel und Nachspiel

Lied und Satz: Lucie Steiner

Nicht lange mehr ist Winter

volkstümlich

Kalamatianós

Griechenland
Begleitform: Ariane Steiner

2. O Schiffer, lieber Schiffersmann,
o sagt mir, lieber Schiffersmann,
saht ihr den Liebsten in der Fremde,
saht ihn in fremden Lande?

3. Es gibt Tavernen überall und
schöne Mädchen überall.
Sieht er die Mädchen, ach,
ich weine, sieht er die schönen Mädchen.

Kalamata, ein Ort auf dem Pelepones gibt dem in ganz Griechenland verbreiteten Tanzlied den neueren Namen. Ursprünglich hieß es "Hormos" - das bedeutet die stille Meeresbucht, an der sich die Wellen nur noch sachte kräuseln.

Die Melodiestimme und die Begleitform ahmen den leichten Wellenschlag nach.

5. Nur, damit du Bescheid weißt!

Wenn einer Bescheid weiß, dann weiß er mehr als der andere. Er (oder sie) kann klug sein, oder nur so tun: "Nur, damit Du Bescheid weißt". Dieses Hinsagen, diese Vertrautheit, die in dieser Aussage steckt, hat zugleich etwas Persönliches, so wie eben aus der eigenen Stimme das unverwechselbare Timbre spricht und jeder Mensch seine eigene spezifische "Grammatik" pflegt. Die Signale der Stimme liegen im "Unterton", mit dem man seine Stimme färbt.
Man kann "Bescheid" geben durch Blicke, durch Mimik, Gesten und Gebärden. Der Empfangende kann diese Signale auch ohne Worte verstehen. Man weiß Bescheid - und ist eingestimmt auf eine Situation.

Dort oben auf dem Baume

Text: Franz Graf von Pocci
Musik: Lucie Steiner

Nur, damit du Bescheid weißt

Ich habe Pflaumen
gegessen
die im Eisschrank
waren
du wolltest
sie sicher
fürs Frühstück
aufheben.
Verzeih mir
sie waren herrlich,
so süß
und so kalt. *Carlos William*

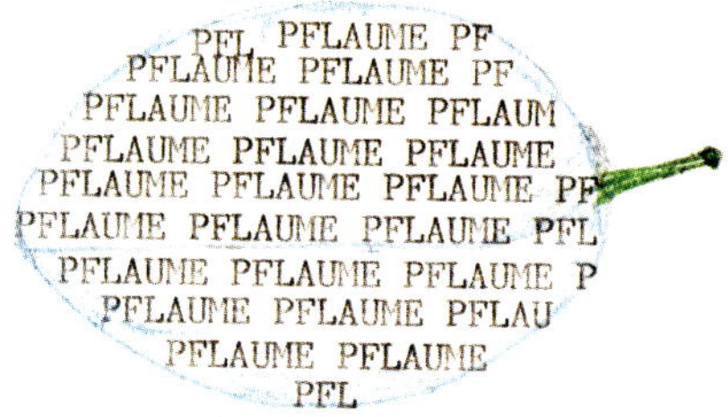

Eine Pflaume fällt

Eine Pflaume fällt
Alle Frösche hören jäh
mit dem Quaken auf.
Senryû

Die alte Frage

langsam

altes jiddisches Lied

Womit redet er?

Mandelstamm studiert ein Theaterplakat. “Was ist Pantomime?” fragt er seinen Freund. “Pantomime? Ach, das ist ganz einfach. Die Leute reden miteinander, bloß: Sie sagen nichts.”

überliefert, gesammelt von Salcia Landmann

Pantomime

Anregungen für Gruppen (oder Einzelne)

- Situationen darstellen, wie “Streit”, “Annäherung”, “Erkundung”, “Essen”
- Dinge des alltäglichen Lebens wie “Schrank”, “Stuhl”, “Messer”
- Tätigkeiten wie “reiten”, “schlafen”, “spazierengehen”, “arbeiten”
- Geschichten und Märchen pantomimisch erzählen.

Fünfter sein

tür auf
einer raus
einer rein
vierter sein

tür auf
einer raus
einer rein
dritter sein

tür auf
einer raus
einer rein
zweiter sein

tür auf
einer raus
einer rein
nächster sein

tür auf
einer raus
selber rein
tagherrdoktor

Ernst Jandl

Anregungen:

- mit verteilten Rollen sprechen
- im Sprechchor artikulieren
- Rhythmus und Tempo steigern
- szenisch aufführen
- Stimmveränderungen von Strophe zu Strophe vornehmen
- sinngemäß mit verteilten Rollen auf Instrumenten spielen (ohne Sprache)

Partnerspiele mit der Stimme

Gestik und Stimme

Durch Gestik und Mimik eine Eigenschaft oder Stimmung anzeigen, der Partner soll sie erraten (wütend, erklärend, überlegend, besserwissend).
Durch die Stimme (ohne Worte zu verwenden) etwas fühlen lassen (Ärger, Mut, Bestimmtheit ...).
Zwei Partner unterhalten sich mit Gestik und Stimme.

Führen und Folgen

Ein Partner reagiert mit dem Körper auf die Stimme des anderen Partners und gibt "Antwort" (dabei mit der Stimme "spielen")
hoch - tief
leise - laut
wütend - schmeichelnd ...

Demokratisches Modell

Stimme	Stimme
Stimme	Stimme
Ja	Nein
Stimm	Stimm
Damit's stimmt	Denn du bestimmst
Stimmend	Stimmt ihr

Ja und Nein
überein

Kurt Marti

Anregungen:
- als "Partnerspiel". Beide Partner lesen zusammen den "Ja"-Part, dann den "Nein"-Part (von oben nach unten).
- als getrennte Partner. Der eine über nimmt "Ja", der andere "Nein" (von links nach rechts, mit Pause). Die Worte "und" und "überein" werden gemeinsam gelesen.
- "Ja"-Part als Sprechchor, "Nein"-Part spricht Solist (oder umgekehrt).
- Vortragsart variieren (gleichgültig, emotional, leise-laut, weibliche- männliche Stimme ...)

O-O Ausgeschlupft

Das Geräuschmuster ändert sich von Zeile zu Zeile. Sobald die nächste Zeile ertönt, wird das Rhythmus- oder Melodiemuster bzw. "Stimmungs"-Muster auf den Sprachton übertragen. Ziel: Stimulation der Stimme die Text und Musik verbindet.

Ausgeschlupft,	Strippbegradigt,
Schlupfgehupft.	Gradbegnadigt.
Hupfgebuttert,	Gnadverkalkt,
Buttgemuttert.	Kalkgewalkt.
Muttgeschaffen,	Walkhinieden,
Schlaffgeschlaffen.	Niedgeschieden.
Schlaffgeflippt,	Schiedgehimmelt,
Flippgestrippt.	Himmelgebimmelt.

Richard Pietraß

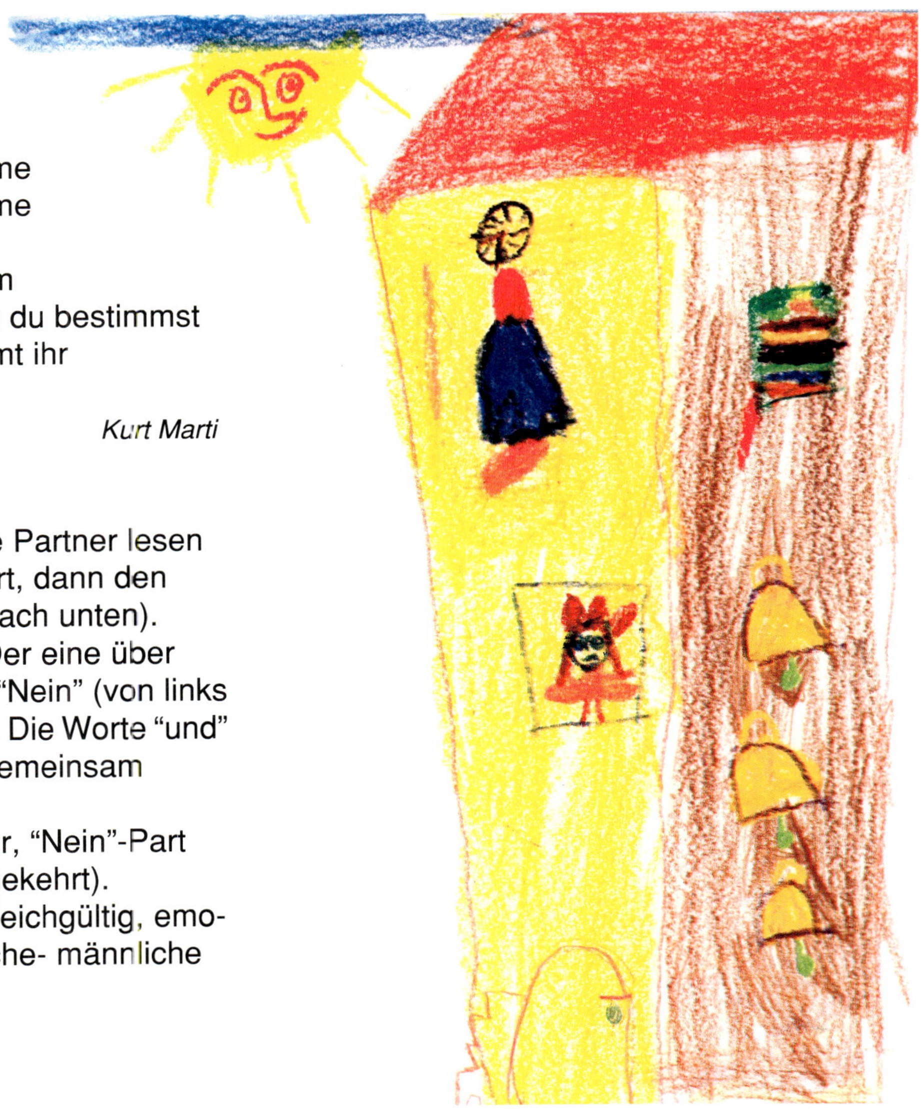

Friede, Freude, Eierkuchen

Gunter Woß

Die Ahnung

Ich trank meinen Morgenkaffee und ahnte nichts Böses.
Es klingelte. Ich ahnte noch immer nichts Böses.
Der Briefträger brachte mir ein Schreiben.
Nichts Böses ahnend, öffnete ich es.
Es stand nichts Böses darin.
Ha! rief ich aus, meine Ahnung hat mich nicht getrogen. *Erich Mühsam*

Der Schlagzeugstreit

Ein Streit entspann sich hin und her, wer wohl von allen am lautesten wär.
1. "Natürlich ich", sagt PAUKEmann und fing sogleich zu trommeln an.
2. "Das kann ich auch", rief XYLO-PHON, und schlug sich mit zwei Schlägeln schon.
3. "Noch lauter tönen, das kann ich", rief Goldmadam, Frau CYMBElich.
4. Da kam Herr TRIANGEL in Wut. "Ich klinge", schrie er, "auch sehr gut!"
5. Der HOLZBLOCK aber sprach gelassen: "Die Aufregung ist nicht zu fassen. Wer laut spielt kann auch leise sein.
6. Wozu dann also dieses Schrei'n? Statt dessen laßt uns im QUINTETT gemeinsam spielen, das wär nett!"

Anregungen:
Nach jedem gesprochenen Vers erklingt die Klangsprache des betreffenden Instruments. Vers 6 sprechen alle, anschließend gemeinsames Spiel.
Varianten:
- Das gemeinsame Spiel wird dynamisch ausgestaltet
- Die einzelnen Instrumente improvisieren, während der Chorus den Ostinato spielt.

Die Bedeutung

"Brief" einer Vierjährigen.
Er wurde übergeben mit den Worten:
"Ich habe einen Brief an Dich geschrieben!"
"?? Was heißt das?"
Kind: "Warum sprichst Du nie mit mir?"

Gerhard Rühm, der in der Wiener Kunstszene der fünfziger Jahre auftauchte, ist als komplexe Begabung bekannt und berühmt geworden. Er untersucht in seinen Schriftzeichnungen, seinen automatischen Zeichnungen und seinen Psychophysiogrammen, wie ungeschriebene Worte und Gedanken sich zum Ausdruck bringen können.
Das Problem der Vermittlung "lösen" kleine Kinder oft in "Briefen" an Lehrer, Eltern oder andere Personen, von denen sie eine "Antwort" haben wollen.

Einmal lang, einmal kurz

S T A ‌ L	B E ‌ T	M I ‌ T E
K E ‌ L E	H Ö ‌ L E	F Ü ‌ L E R

Anregungen:
Die in Kästchen geschriebenen Worte können auf verschiedene Weise gesprochen werden: Einmal lang, einmal kurz. Dadurch bildet man zwei verschiedene Worte.
Längere Werte bei Vokalen geben der Stimme auch mehr “Raum”. Man sucht ein Lied, bei dem die Vokale eine längere Tondauer aufweisen und beachtet beim Singen, daß die langen Notenwerte nicht zu streng, nicht übertrieben “getragen” klingen.
Carl Orff vertrat die These: “Das Singen muß aus dem Sprechen kommen!”

“Farben”-Rhythmus

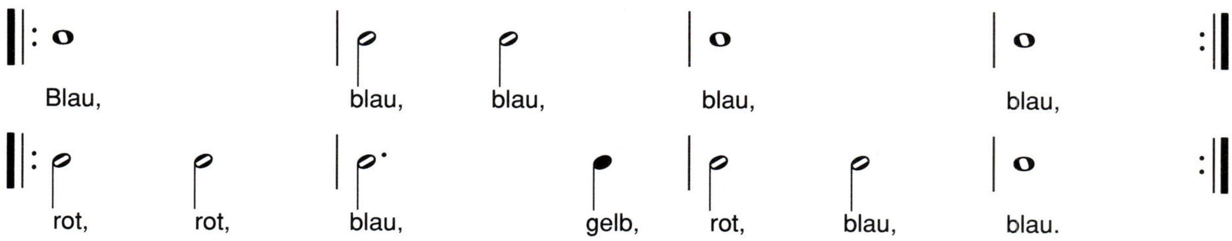

Anregungen:
Beim Doppellaut “au” wird zum Schluß der Tondauer das “a” mit dem “u” verbunden. Auch die Konsonanten folgen erst am Schluß des ausgehaltenen Tons.
Man kann den Rhythmus einstimmig, zweistimmig, als Kanon sprechen, in Töne umsetzen oder andere “Farben” bzw. andere Worte unterlegen.

laaaaaaaaaaaaaaaaaaaaaaaaaaaaaang kurz

Anregungen:
- Wortkonstellation betrachten
- Bedeutungen finden und darüber sprechen
  z. B. konkrete Dinge, Situationen, Zeitbegriffe, Worte, Klänge ...
- Gefühle malen oder grafisch notieren

DIE SCHWARZEN WEISS REDENDEN
DIE WEISSEN SCHWARZ REDENDEN

WEISS UND SCHWARZ SCHWARZ UND WEISS

schwarz sagt weiss
weiss sagt weiss nichts
schwarz sagt weiss nichts

schwarz sagt nichts
schwarz sieht: nichts
weiss sieht schwarz

weiss sagt schwarz
weiss sagt schwarz schwarz
schwarz sagt schwarz nichts

weiss sagt schwarz nichts
weiss sagt schwarz weiss
weiss sagt nichts

schwarz sieht weiss
schwarz sagt weiss schwarz
weiss sieht nichts

weiss sagt schwarz was weiss weiss
weiss sagt schwarz was schwarz weiss
schwarz weiss nichts

weiss weiss was schwarz weiss
schwarz sagt weiss was schwarz weiss
schwarz sagt weiss was weiss weiss

weiss weiss nichts
schwarz weiss weiss weiss nichts
weiss weiss schwarz weiss nichts

weiss weiss weiss weiss
schwarz weiss weiss weiss
weiss weiss schwarz schwarz

schwarz weiss schwarz schwarz

Elke Erb

○-○ **Sequenza III für Stimme**
Luciano Berio (Ausschnitt)

Bekannte Stimmen von Politikern, von Schauspielern oder anderen Persönlichkeiten werden gerne imitiert. Kinder haben auch Spaß daran, sich gegenseitig "nachzuäffen" oder bestimmte Sprech- und Singgewohnheiten Erwachsener nachzuahmen. Das Imitieren von bekannten "Hit"-Größen bezieht sich auch auf Kleidung und Gebärden. Moderne Komponisten, wie beispielsweise Luciano Berio mit seiner Sequenza III für Stimme, üben eine erstaunliche Suggestivität auf Kinder und Erwachsene aus.
Luciano Berio verstand "Sprache" nicht nur "aus Worten und Ideen gemacht", er sah darin vor allem ein System kunstvoller Symbole. Durch die Art und Weise unseres Hierseins auf der Welt, versuche der Mensch den Symbolen immer wieder neue Formen zu geben. So entstehe auch Musik. Nicht allein durch Noten und traditionelle Formen und ihrer gegenseitigen Verbindung bestehe sie. Sie biete vielmehr tausendfache Möglichkeiten, aus dem Kontinuum der Klänge zu wählen, zu formen und neue zu verknüpfen - so Berio.
Sequenza, mit vokalen und visuellen Gesten, ist eine Art dramatischer Essay. Berio erinnert sich: Ein wundersamer orientalischer Garten, fremdartig mit Bächen und Pagoden und einem hohen Eisengitter. Er und seine Kameraden seien hinübergeklettert, um Orangen zu stehlen. Der Garten habe dem berühmten Clown Grock gehört. Die Nähe, die Vertrautheit seines Namens und zugleich die Gleichgültigkeit der Erwachsenen dem Clown gegenüber, habe etwas Geheimnisvolles in ihm erzeugt.
Später, als er den Clown im Publikum agieren sah, habe er nicht gewußt, ob er lachen oder weinen sollte, er wollte eigentlich beides zur gleichen Zeit.
Dieses Schweben von Unsicherheit, Geheimnisvollem und einer wollenden Festigkeit, baute Berio in seiner Sequenza III ein. Seine Textgrundlage: "Gebt mir wenige Worte, für den Gesang einer Frau, zur Wahrheit, die uns erlaubt, ein Haus zu bauen, bevor die Nacht kommt."

Wann geht endlich die Musik los?

Wann,
Wann,
Wann,
Wann,
Wann geht endlich die Musik los?
Haben uns in sauren Stunden
Ohnverdrossen abgeschunden,
Weil ein Anfang seinen Schluß,
Dachten wir, doch haben muß.
Wann, wann, wann, wann,
Wann, wann, wann, wann,
Wann geht endlich die Musik los?
Fertig sind die Musici,
Instrumente gleich zu Hauf,
Auch die Pauke steht allhie,
Warum haut der Mann nicht drauf?

Wann,
Wann,
Wann,
Wann,
Wann geht endlich die Musik los?
Sitzt sich hier auf harten Bänken
Nicht so weich, als manche denken.
Wenn man so geduldig schwieg,
War es wegen der Musik.
Wann, wann, wann, wann,
Wann, wann, wann, wann,
Wann geht endlich die Musik los?
Prellt man uns um Ohrenlohn?
Das Entrée war doch nicht klein?
Musici, den ersten Ton,
Denn sonst fliegt der erste Stein.

Peter Hacks

Anregungen:

- Theatralisch, mit übertriebenen Gebärden beginnt ein Solist
- bei den wiederholten Worten "wann, wann ..." treten weitere Sprecher hinzu. Der Schluß ist *ff*.
- Man kann auch den umgekehrten Weg gehen und im ff beginnen, dann nach dem *pp*-Schluß mit allen Instrumenten ff einsetzen.
- Weitere Gestaltungsmöglichkeiten ausprobieren.

○-○ Einstimmen

Im Konzertsaal werden die Instrumente gestimmt.
Hören und Gespräche führen über die "Stimmen" der Instrumente: Kammerton a, verschiedene Klangfarben, Lautstärken, kurze und lange Töne und weitere musikalische Begriffe.
Die Worte "stimmen" und "Stimmung" werden in ihrer Mehrfachdeutung besprochen.
Die Synästhetik (Zuordnungsmöglichkeit) wird untersucht, z. B. welches Tier könnte der Kontrabaß darstellen, die Flöte, das Fagott ...?
Wie werden die Instrumente "gestimmt"?
Begriffe wie "vielstimmig", "mehrstimmig", "unstimmig", "einstimmig", "Stimmführer" können untersucht und an praktischen Beispielen erklärt werden.

Die "gestelzte" Sprache

Wörter, vor allem wenn sie dem Amtsdeutsch entstammen, auch solche mit großer Silbenzahl, reizen zum Spott. Schon vor über hundert Jahren haben sich Autoren über eine "gestelzte" Sprache - die auch heute immer wieder neue "Erfindungen" auf den Sprachmarkt bringt - lustig gemacht. Gustav Theodor Drobisch schrieb 1855 für einen Musikkalender ein Gedicht. Er gibt sich dabei wortschöpferisch und lautmalerisch. Seine "Tonkunst-Werkstatt" wirkt mit den vielgliedrigen Wortkompositionen äußerst komisch.

Einstimmen der Instrumente

Himmeltausenddonnerwetter, über das Sichselbstentschließen,
Wenn die Töne disharmonisch durch die Tonkunstwerkstatt fließen,
Hat das A vom Oboenbläser weg den ersten Zungenstoß,
Geht zum Blindekuh der Töne nun das Spiel mit Schrecken los.
Waldhorn-Lippenansatz-Prüfung, forschen, ob die Klappe deckt;
Klarinettenschnäbeltöne, Paukenschraube-rei-Effekt;
Ein Gewimmer, ein Geächze, Schlagen, Stoßen, Bimbambum!

Baß- und Violinenbogen-
Strich mit Kolophonium;
Abreißung unreiner Quinten
unter Wirbeldrehungszorn,
Extratouren auf dem Bas-
se, Oboe, Flöt' und Klap-
penhorn;
Turnübung der Fiedelbo-
gen, Präludieren vom Fa-
gott,
Viertel, Achtel, Sechzehn-
theile, Piccicato, Läufer,
Trott,
Und - der Herr Musikdirektor
- endlich! na, gedankt sei
Gott!

Gustav Theodor Drobisch

Anregung:
komisch gekleidet, übertreibend vortragen,
langsam und mit Gesten und Gebärden artikulieren (siehe Text)

otto mops

otto mops trotzt
otto: fort mops fort
ottos mops hopst fort
otto: soso

otto holt koks
otto holt obst
otto horcht
otto: mops mops
otto hofft
ottos mops klopft
otto: komm mops komm
ottos mops kommt
ottos mops kotzt
otto: ogottogott

ernst jandl

Mehr ist dazu eigentlich nicht zu sagen.

Lochkartenesserinnenherbst

Eine Angestellte in einer Datenverarbeitungsanlage hatte einmal dort so lange gearbeitet, daß sie eines Tages anfing, einige der Lochkarten zu zerstückeln und aufzuessen. Mit einem gewissen Genuß, zumindest am Anfang.
Nachdem lange nachgeforscht worden war, wohin einzelne Daten verschwunden sein konnten, wurde die Lochkartenesserin entlarvt, als sie sich eines anderen Tages den Magen verdarb und in ein Krankenhaus eingeliefert werden mußte. Mehr ist dazu eigentlich nicht zu sagen.

Helmut Heißenbüttel

6. Hallo Herr Bach! - Und andere Gesprächspartner

Johann Sebastian Bachs Kantaten und Motetten sind für die Stimme der Solisten und Choristen mit hohen, stimmlich disziplinierten Anforderungen verbunden. Dem großen, verehrten Komponisten Bach gegenüber wird in diesem Kapitel ein burschikoser Ton angeschlagen: "Hallo, Herr Bach!" Nun, zu Lebzeiten hat J. S. Bach - es ging um den Umgang mit Stimmen! - "Vorhaltungen" einstecken müssen. Er habe "bisher in dem Choral viele wunderliche variationes gemacht, viel fremde Töne mit eingemischet, daß die Gemeinde darüber confundiret worden ... in Verwirrung gebracht worden sei. Auch habe er für Chorproben nicht genügend Zeit verwendet."

Auch das Atem- und Koordinationsspiel "Reißverschluß" fällt aus dem üblichen Rahmen. Man liegt dabei auf dem Boden. Mit Geduld probiert - und es funktioniert! So wird es in der Praxis erlebt.
Die Sammlerleidenschaft beim Erstellen eines Wortkatalogs für Stimmäußerungen kann - erwiesenermaßen - bis auf 150 Worte gesteigert werden. Die schönsten Stimmübungen daraus verbreiten gute Stimmung.
Signale, Zungenschleifer, Lippenplappler, alte und neue Wortspiele für Kinder und junge Leute, bilden den Schwerpunkt dieses Kapitels.

Hallo Herr Bach

Sprechstück mit Schlagzeug

Hallo Herr Bach (♩♩♩♪) Hallo Herr Bach (♩♩♩♪)
Lang ist es her, in Leipzig war's
daß Sie gedankenschwer in Bars
gewartet auf den Musenkuß,
Sie halfen nach mit Spiritus.

Hallo Herr Bach (♩♩♩♪) Hallo Herr Bach (♩♩♩♪)

Johann, Johann (♩♩♩♪) Sebastian (♩♩♩♪)
Daß du der größte bist ist klar,
was immer sein wird, immer war.
Du schwebst hoch über uns im Raum
so hoch, verflixt, man sieht dich kaum.

Johann, Johann (♩♩♩♪) Sebastian (♩♩♩♪)
(♩♩♩♪) Bach (♩♩♩♪) ach (♩♩♩♪)

Gunter Woß

(Nachspiel wie oben oder ganz frei)

Anregungen:

- als reines Sprechstück mit Schlagzeugimprovisation (Idealvorstellung komplettes Drumset als Partner und Begleiter einer großen Gruppe).
- Improvisation mit Körperinstrumenten bzw. Kartons, Kisten, Zeitungspapier, Klanghölzer, Holzblocktrommeln.
- Metrum durchgängig, Sprache rhythmisch.
- Vergleiche Popmusik von heute mit der Zeit Bachs, Kleidung von heute und damals.

Was man alles so braucht

Gunter Woß

2. Um 'ne Melodie zu singen, braucht man Noten, die erklingen.
Viertel, Halbe und noch mehr, eine Ganze, bitte sehr.

Anregungen:

- von verschiedenen Instrumenten werden die Zusammenhänge von Material und Klang untersucht
- mit Instrumenten oder der menschlichen Stimme werden die im Liedtext genannten Tondauern dargestellt.

Menschliche Stimmen

- Stimmen unterscheiden
- was tun die Stimmen?- wo hört man welche Stimmen?
- was "sagen" die Stimmen ohne Worte?

Raum- und Stimmklang

In der Gruppe im Raum gehen. Summen, den gewählten Ton lange beibehalten, dabei den Raum und die Schallwirkung erleben. Anhalten, sich gegenseitig kurz antippen. Den Summton verändern und weitergehen. Auf homogene Klangwirkung achten.

"Reißverschluß"

Ein Kind oder ein Erwachsener legt sich auf den Boden, der Kopf wird auf ein Kissen oder ähnliches gelegt. Der nächste Partner legt seinen Kopf auf den Bauch des Liegenden. Jeder Liegende hat einen Arm am Körper angelegt. Der andere Arm wird ausgestreckt, in dieselbe Richtung wie die beiden Beine des bereits Liegenden. Aus der ineinandergeschachtelten Gruppierung entsteht ein "Reißverschluß".

Der "Reißverschluß" wird mit etwa 8-10 Personen dargestellt. Es werden Summ- und Stimmbildungsspiele ausgeführt, damit die Beobachtungsgruppe sehen kann, wie beim Hecheln die Köpfe der Kinder wippen, wie das Singen und Sprechen im aufgelegten Hinterkopf "spürbar" wird.

Der Lehrer steht vor der Gruppe. Er vollzieht sehr langsam, damit man die Veränderung sofort mitgestalten kann, verschiedene Bewegungen: Arme hochhalten, mit den Fingerspitzen vibrieren, Arme kreuzen, herunternehmen, die Knie anziehen, ein Bein hochhalten, dann beide, die Beine grätschen. Ein Kind nach dem anderen setzt sich langsam auf, ohne die Körperposition zu verändern; die Hände müssen dabei am Boden gleiten, damit man sich anschließend gemeinsam wieder in die liegendeStellung ein"fädelt" = Reißverschluß".

Der Winterspeck

Gunter Woß

Hinweis:
Auch Menschen mit einem kleinen Spleen sind liebenswert. Das Lied entstand aus einer komischen Situation. Einem Kind platzte beim Tanzspiel der Rock. Großes Gelächter!

Vorfreude auf die Ferien

Gunter Woß

Vor den Ferien:
Lustlosigkeit und die Vorstellung, wie es wohl sein werde, so ganz ohne Druck. Traum und Wirklichkeit sind dicht beieinander.

Kätzchen sagt "miau"

Kätzchen sagt "miau"
und das Mädchen mit dem Ball
macht ihm ein Gesicht!

Issa

Legato-staccato

Die Klangstäbe auf dem Metallophon liegen in der F-Pentatonik. Mit Kämmen werden in unregelmäßiger Reihenfolge die Klangplatten gestrichen. Es braucht nicht auf Rhythmus und auch nicht auf eine bestimmte Tonfolge geachtet werden. Die Klänge "schwimmen" ineinander.

Allmählich setzen die Stimmen der Spielenden oder der Zuhörer ein. Sie versuchen, sich hörend und improvisierend in das Klangbild einzuordnen.

Sobald die Spieler mit dem Kamm-Rücken die Platten leicht und locker anschlagen, wechseln die Stimmen vom Summton auf Ton- und Klangsilben. Das Legato-Summen geht jetzt auf akzentuiertes Staccato über. Bei konzentriertem Hören kann man sich gut in den Tonraum einfügen und saubere Intonation üben.

Kinderkram für Schnellsprecher

Taschenmesser, Luftballon,
Trillerpfeife, Kaubonbon,
Bahnsteigkarte, Sheriffstern,
Kuchenkrümel, Pflaumenkern,
Bleistiftstummel, Kupferdraht,
Kronenkorken, Zinnsoldat,
ja, sogar die Zündholzdose
findet Platz in Peters Hose.
Nur das saubre Taschentuch
findet nicht mehr Platz genug.

Martin Ripkens

Mit meiner Stimme kann ich ...

Es gibt unzählige Möglichkeiten, sich mit der Stimme auszudrücken: Akustische Phänomene in der Natur, im Tierreich, aus der Technik, auch alle menschlichen Gefühle und Stimmungen können stimmlich dargestellt werden.

Man kann einen ganzen Katalog von verschiedensten Stimmäußerungen zusammenstellen und anschließend auf einzelne Worte tippen. Viele Kontrastspiele sind möglich.

Anregungen:

Mit meiner Stimme kann ich

lachen	wimmern
miauen	gurgeln
flüstern	grillen
ächzen	pusten
schreien	plärren
brummen	schlürfen
stottern	schmatzen
grillen	husten
jodeln	hauchen
stöhnen	lispeln
wiehern	

Phantasiegespräch mit Rhythmussprache

Das Auf- und Zuklappen der Plapper-Klapper inspiriert zu einem Gespräch, da das Instrument sich wie ein Mund öffnet und schließt. Die Klappern können sich miteinander unterhalten. Man entwickelt mit der eigenen Stimme eine Phantasiesprache dazu. Die entsprechende Bewegung zum Gespräch ergibt sich durch die "Bedeutung" des Gesprächs.

Jeweils zwei Partner proben an verschiedenen Plätzen im Raum ihr Zwiegespräch. Ein Stimmengewirr entsteht: Laut-leise, schnell-langsam, wütend-fröhlich, schmeichelnd-ärgerlich ... Es werden keine Wörter benutzt. Nur am Klang der Stimme und an der Mimik, an Gesten und Gebärden erkennt man, worum es geht.

Einzelne Paare führen ihr Phantasiegespräch vor. Durch die Anwendung der Plapper-Klapper lernt man phantasiereich mit der Sprache umzugehen.

Ein Gruppe im Raum zeigt gemeinsam mit Stimme und Instrument verschiedene Lautstärken und Tonhöhen.

Beispiele:

Arme nach vorne stoßen	forte
An das Ohr halten	piano
Arm nach oben strecken	hoch
mit dem Körper zum Boden	tief

Varianten:
- Die Rhythmussprache auf Instrumente übertragen
- als Solo- und Tuttispiel darstellen

Herstellung der Plapper-Klapper:
Halbe Walnußschalen, selbstklebende Buchfolie, Farben, Kleber und starken Karton.
Karton in ca. 5 cm breite, 16 cm lange Stücke schneiden. Die Kartonteile bunt bemalen. Zum Schutz und zur Verstärkung werden sie mit selbstklebender Klarsichtfolie überzogen.
Das lange Kartonstück in der Mitte knicken und am linken und rechten Ende der Innenseite eine Walnußhälfte aufkleben. Beim Trocknen einige Male fest andrücken.

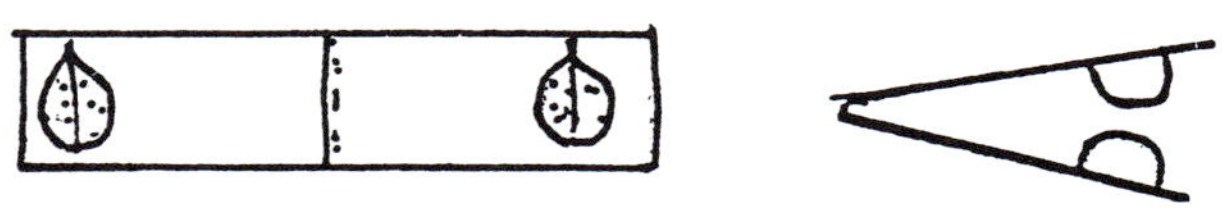

Zungenreden (Dieter Schnebel)

Wörter, Wortfetzen, Klangfetzen, Sätze sollen die Phantasie des Hörers zu Gedankenverbindungen reizen und ihn neue Sinnzusammenhänge finden lassen. Im Durcheinanderreden der Zungen scheint die Umwelt sich zu verändern.
Dieter Schnebels "Glossalie" bedeutet "Zungenreden", wie es im biblischen Bericht über das "Pfingstwunder" beschrieben ist.

Schnebels "Kunstgriff", Sprache als Musik und Musik als Sprache auszudrücken, wird in "Zungenreden" zum musikalisch-kompositorischen Prinzip. Man hört ein "Durcheinander" von Sprachen mit spezifischer Charakteristik. Ihr "Inhalt" insgesamt signalisiert: Keine Sprache, keine Religion, keine Nation ist "allein seligmachend". Am Schluß des Werkausschnittes heißt es "Jeder hat das Recht, seine Meinung frei zu äußern!"

Zungenschleifer und Lippenplappler

Übungen zur Zungenfertigkeit, Lockerung, Lippenformung, Rhythmisierung und Verklanglichung

Kartis, kartaus, kartis, kartaus
mein Liedchen, mein Liedchen
und das ist aus!

Mieskätzchen Miese, - Miau -
wovon bist du so griese? - Miau -
Ich bin so griese, bin so grau
ich bin das Kätzchen Griesegrau;
Miau, miau, miau!

Weißt du was?
Wenns regnet wird's naß,
wenns schneit wird's weiß,
du bist ein alter Naseweis!

Hähne, Raben, Hunde, Eulen,
Pferde, Mäuse, Spatzen,
krähen, krächzen, bellen, heulen,
wiehern, pfeifen, schwatzen.

Pautz, pautz, Puderjan,
die Mutter schlacht 'ne Ente,
tut auch ein Stück Butter dran,
daß sie nicht verbrennte.

Schnuppeduppedipp, so komm doch mit
schnuppeduppedapp, jetzt geht es ab
schnuppeduppedupp versalz' ist d'Supp!

so viele Bogen Postpapier - oder Briefpapier
wie man auf einen Atemzug zählen kann:
Ein Bige Boge Postpapier,
Zwei Bige Boge Postpapier,
Drei Bige ...

Ene, bene Bohnenblatt,
wieviel Leut sind noch nicht satt?
Erbse, Bohne, Linse -
wie mer se kocht, so sind se.

Blaukraut bleibt Blaukraut
und Brautkleid bleibt Brautkleid

Sokrates, Sartre, Sinatra

To be is to do (Sokrates)
To do is to be (Sartre)
Do be do be do (Sinatra)

Vokalfarben

Den Lautwert der Vokale bewußt nutzbar zu machen, kannte schon Walther von der Vogelweide. Er ließ fünf Strophen eines Gedichts auf a, e, i, o und u enden, um Stimmungen auszudrücken. Werden die Vokale gedehnt, dann erhöht sich die Wirkung.
Auch andere Quellen des 12. und 13. Jahrhunderts wie z. B. die Carmina Burana benutzten dieses Phänomen. Einen Schritt weiter geht Clemens Brentano (18. Jh.), der im Parallelbau der Zeilen die Vokale widerspiegeln läßt.

In dem A den Schall zu suchen,
In dem E der Rede Wonne,
In dem I der Stimme Wurzel,
In dem O des Todes Odem,
In dem U des Mutes Fluchen.

Glocken-Spiel

Anregungen:
- Man spricht über Glocken, über Größen, über unterschiedliche Materialien und Klänge und darüber, zu welchem Anlaß Glocken klingen.
- Die Klänge werden mit der eigenen Stimme nachgeahmt, das Schwingen der Glocken mit dem Körper dargestellt.
- eine Gruppe verteilt sich im Raum. Die einzelnen "Glocken" fangen nacheinander an, ihre "Stimme" zu erheben. Tonhöhe, Tonstärke, Klangfarbe und Temposchwingung können individuell gewählt werden.
- Die Glockenklänge werden allmählich leiser und verstummen.

Stolpermann und Pflastermann

Es war einmal ein Mann, der fiel so oft hin, und darum hieß er Stolpermann. Einmal stolperte er über einen Apfel und fiel auf die Nase. Da blutete die Nase. Also ging er zum Arzt. Der hieß Doktor Pflastermann.
"Na, was fehlt Ihnen denn?" fragte Doktor Pflastermann. "Ich bin auf die Nase gefal-

len." Da klebte ihm der Doktor ein Pflaster auf die Nase. (So!) Als der Mann nach Hause ging, hielt er die Nase mit dem Pflaster immer hoch in die Luft (so!) und schnüffelte unter seinem Pflaster (so!), damit die Leute auch merkten, wie schwer verletzt er war. Da fiel er über einen Stein - bums -, da war sein rechtes Auge ein bißchen kaputt. Und da ging er wieder zu Doktor Pflastermann. "Nanu", sagte dieser, "Sie sind ja schon wieder da." "Ja", sagte der Mann, "ich mußte die Nase so hoch in die Luft halten, und da bin ich über einen Stein gefallen." Da klebte der Doktor ihm ein Pflaster über das rechte Auge. (So!)
Jetzt konnte der Mann auf dem rechten Auge nicht mehr richtig sehen, und als er auf der Straße ging, rannte er plötzlich mit dem rechten Ohr an einen Baum - bums -, da war sein rechtes Ohr ein bißchen kaputt. Und da ging er wieder zu Doktor Pflastermann.
"Nanu", sagte der Doktor, "Sie sind ja schon wieder da?" "Ja", sagte der Mann, "ich kann ja jetzt auf dem rechten Auge nicht mehr sehen, und da bin ich mit dem Ohr an einen Baum gerannt." Da klebte ihm der Doktor ein Pflaster über das rechte Ohr. (So!)
Nun konnte der Mann auf dem rechten Auge nicht mehr sehen und auf dem rechten Ohr nicht mehr gut hören, und als er über die Straße gehen wollte, kam von rechts ein Radfahrer. Der Radfahrer klingelte (laut!). Aber der Mann hörte nur: klingelingeling (leise!).
"Ach", dachte der Mann, "der Radfahrer ist sicher noch weit weg", und schaute nicht nach links und rechts. Rumskadabums! Da liegen der Mann und der Radfahrer auf der Straße. Dem Radfahrer war nicht viel passiert, aber Stolpermann hatte sich nun auch noch sein linkes Ohr verletzt. Und wieder ging er zum Doktor Pflastermann.
"Nanu", sagte der Doktor, "Sie sind ja schon wieder da?" "Ja", sagte der Mann, "jetzt hat mich ein Radfahrer umgefahren, und mein linkes Ohr ist verletzt." Da klebte ihm der Doktor ein Pflaster auf das linke Ohr. (So!)
Nun konnte der Mann auf beiden Ohren nicht mehr gut hören und nur noch auf dem linken Auge sehen. Da kam ein Hund angelaufen, der bellte: wauwauwau (laut!). Aber der Mann hörte nur: wauwauwau (leise!) Und er dachte: "Ach, der Hund ist ja ganz weit weg", und schaute nicht nach links und rechts. Und plötzlich fiel er über den Hund und fiel natürlich auf sein linkes Auge. Also ging er zum Doktor Pflastermann und erzählte ihm, was nun passiert war.
Da klebte ihm der Doktor das linke auch noch zu. (So!) Nun konnte Stolpermann nichts mehr sehen und nichts mehr hören und kaum noch riechen. Da sagte der Doktor: "Nun bleiben Sie mal gleich hier und legen sich ins Bett. Morgen früh sieht alles wieder besser aus, und dann machen wir die Pflaster ab."

Heinrich Hannover

Anregungen:
- Vorlesen, als Spiel darstellen.
- Als Spiel "ohne Worte" darstellen, jedoch die Geräusche und Laute mit der Stimme imitieren (Pflasterkleben, schnüffeln, hinfallen, an den Baum rennen, Radfahren, klingeln usw.).

Schluckauf

Schluckauf und ich
gingen übern Steg:
Schluckauf fiel rein,
Und ich lief weg.

Kindervers

Signale

Die urtümlichsten Signale sind die unserer eigenen Stimme. Die Stimme kann Wohlbefinden, Ärger und Wut, Liebe und Nähe bekunden. Unsere Stimme kann manchmal die Signale nicht "in Worte fassen", aber in untrügliche Stimmungs- und Empfindungslaute, die man sofort erkennt. Sie sind dem Menschen angeboren.

Worte sind arm

Ja -
Worte sind arm
die Sprache zu schwach.

Überliefert

Die Unzulänglichkeit der Sprache

“Die Unzulänglichkeit der Sprache wird durch das Singen eines Textes oft verdeckt, geschönt durch die Stimme, “erhöht” durch eine Melodie, lebendig durch den Rhythmus.” *Adolf Rüdiger*

Prägnante Worte

Prägnante Worte geben prägnante Bilder:
“Furcht verengt den Blick”
“Liebe macht blind”.

Der kahle Baum

A < Der kahle Kirschbaum
über dem Dach
E < trug reichlich Früchte
im letzten Jahr. Früchte?
I < Dieses Gerippe da?
Ist das denn überhaupt
O < noch am Leben? Ich
seh keine Früchte.
U < Also schlagt es ab
und braucht das Holz
Rrrrhhh– gegen die beißende Kälte.

Carlos William

Anregungen:
- Gespräch über den Text
- Stimmung der einzelnen Zeilen erforschen
- mit Vokalen die Stimmung des Textes ausdrücken

Beispiele (die variiert werden können):

A	staunend
E	fragend
I	sich wundernd
O	feststellend
U	bestimmend
Rrrrhhh	frierend

Eine Bewegungsgruppe kann ein gestisches Spiel entwickeln, bei dem alle Gebärden - wie es die Vokale vorgeben - ineinanderfließen.

“Stimmen”

Musikalische Grafik mit zwei Vokalen und einem Konsonanten

Schallplattenentwurf eines Vierjährigen

7. Mein Traum ist ein Baum

In der Aussage der überlieferten Lieder "Ich bin das ganze Jahr vergnügt" und "Wo man singt, da laß dich ruhig nieder, böse Menschen haben keine Lieder" ist ein Stück positive Lebensphilosophie enthalten. Oft genug muß sie der realen Wirklichkeit abgetrotzt werden.
Die dort besungene Genügsamkeit, Bescheidenheit und Freude am Einfachen, die Liebe zur Natur, zu Land und Leben, "Was recht ist, dem sollst Du nachjagen, damit du leben kannst", das sind ernste Bestandteile des Noch-Verwachsenseins mit der Erde dieser unserer Welt.

Der "Spiegel" der Treue, wie er im Volkslied vom Liebenden "ins Herz" gesetzt werden soll, spielt in Liebesliedern symbolisch immer wieder eine Rolle. Vom Widerschein der Liebe in allen Bereichen - bei der auch Schnee und Einsamkeit schmilzt - sind Liebe des Kindes zu den Eltern und die liebevolle Beziehung der Eltern zum Kind oft mit besonderen Erlebnissen verbunden.

Ich bin das ganze Jahr vergnügt

Volkslied

2. Und kommt die liebe Sommerszeit;
wie hoch ist da mein Herz erfreut,
wenn ich vor meinem Acker steh
und so viel tausend Ähren seh!

3. Rückt endlich Erntezeit heran,
dann muß die blanke Sense dran;
dann zieh ich in das Feld hinaus
und schneid und fahr' die Frucht nach Haus.

4. Im Herbst schau ich die Bäume an,
seh Äpfel, Birnen, Pflaumen dran.
Und sind sie reif, so schütt'l ich sie.
So lohnet Gott des Menschen Müh!

5. Und kommt die kalte Winterszeit,
dann ist mein Häuschen überschneit;
das ganze Feld ist kreideweiß
und auf der Wiese nichts als Eis.

6. So gehts jahraus, jahrein mit mir;
ich danke meinem Gott dafür
und habe immer frohen Mut
und denke heut ist alles gut!

Was recht ist

Hermann Rauhe aus 5. Mose 16, 20

Weil die Nachtigall eine süße Stimme hat

Weil die Nachtigall
eine süße Stimme hat
und so gerne singt,
sitzt sie jetzt im Käfig fest -
Ja, so geht es auf der Welt!

Nomura Boto

Mein Traum ist ein Baum

Mein Traum ist ein Baum
der so stark ist wie Du
die Blüten sind Liebe,
o, daß es bliebe
mit Dir!

Überliefert

Wo man singt

Kanon, mündlich überliefert

Ein Vater, sein Kind

Das Wohnzimmer, die neue Tapete - Rauhfaser. Wände, die noch weiß waren, boten sich zum Bemalen an. Auf rund fünf Meter Länge, bei einer Höhe von etwas über 2,50 Meter, sollten drei Bilder entstehen. In der Mitte ein größeres “Naturerlebnis”, rechts und links davon “Blumengrüße”. Gedacht, getan. Der letzte Pinselstrich war noch nicht getrocknet, als die kleine Heike, acht Jahre alt, mit fester Stimme dieses verkündete: “Ich werde auch ein Bild malen. Auf der anderen Wand, gegenüberliegend. Darf ich mir Farbe und Pinsel nehmen?” Nachgedacht. Warum kein Bild von ihr? Der Versuch macht klug. “Also, fang an”. Den Pinsel eingetaucht, zielstrebig - in Grün, Blau, Gelb und anderen Farben. 2 1/2 bis 3 Stunden konzentriertester Malzeit. Schön das Ganze. Offenbar Natur, ein Wald. Ihre Ansicht: “Das gefällt mir. Jetzt mußt du aber noch einen Rand drumherum machen. Papi, bitte, das mußt du tun. Und der Rand muß lila sein.” “Warum gerade das Lila?” “Das möchte ich so, das gefällt mir. Bitte mach ihn lila!” Ein Kind, acht Jahre alt. Ein Vater, sein Kind. Stolz auch die Mutter. Ein schönes Wohnzimmer.

Horst Diening

Das weiße Gedicht

Hätte ich ein weißes Erlebnis gehabt und versucht, ein weißes Gedicht zu schreiben, und ein Leser würde sagen, das Gedicht sei schwarz, könnte es ein Grund dafür sein, daß ich mit dem Weiß des Erlebnisses zu sparsam umgegangen bin, so daß das Gedicht grau wirkt und der Leser, dunkel vorgestimmt, vor allem die Schwarztöne herausspürt. Denkbar wäre aber auch, daß der Leser keinen Zugang zu diesem Gedicht findet oder nicht "mein" Leser ist oder überhaupt mit Gedichten wenig Erfahrung hat. Würde dagegen ein Mädchen, das über und über verliebt und also lila gestimmt ist, dieses Gedicht als lila empfinden, spräche das weder dagegen, daß das Gedicht weiß ist, noch gegen das Poesieverständnis des Mädchens - im Weiß sind alle Farben des Regenbogens gebündelt.

Reiner Kunze

Für die Mutter

Luis Steiner

2. Die Welt fängt an zu klingen, Freude schnell erwacht.
Und alle wir Dir singen, s'ist für Dich gedacht!
Ja für Dich, da hab ich alle ...

3. Wir wünschen Dir nun heute, Glück und viele Jahr!
Gesundheit und viel Freude, jetzt und immerdar.
Ja für Dich, da hab ich alle ...

Spiegel, Spiegel

Wenn ich in den Spiegel schaue,
sehe ich mein Gesicht.
Dann spreche ich zu mir, dann spiele ich,
ich wäre im Gefängnis.
Ich tue so, als wäre ich böse,
manchmal tue ich so,
als wäre ich auf der Bühne.
Ich singe für mich selbst.
Ich stelle Leute vor.

Deborah Ensign, 7 Jahre alt

Um sprechen zu lernen, eine fremde Sprache zu erfassen, auch um sich selbst zu betrachten und die Mimik zu studieren, wird mit großen Spiegeln gearbeitet. Bereits im Kindergartenalter werden die Kleinsten mit Spiegeln konfrontiert.

Es gibt für Gruppen sogar kleine Spielhäuser, die ganz aus Spiegeln gefertigt sind. Spiegel leisten als "pädagogisches Phänomen" zur Selbsterfassung und Selbstkontrolle bei verschiedensten Anlässen interessante Dienste.

Ich wünsch mir einen Bärn

Ich wünsche mir einen Bärn :||: & einen kleinen, diecken, kugelrunden Bärn :||: er ~~brummt~~ brumt brumbrum, er brumt brum brum.

Er mat ~~zat~~ zwar manchmal Dum - Dumheiten. doch ~~das macht~~ ja nichts doch das macht ja nichts. er brumt brum brum er brumt brum brum

Ich wünsche mir nen Schnickel-schnackel Bärn

Doch oh weh, doch oh weh, was macht den da der Bär? er macht brum brum die Marmelade schmeckt die Marmelade schmeck ~~Ja~~ Jahölchen naschen darfst du nicht, Jahölchen naschen darfst du ~~mi~~ nicht!

Oh weh!

Petra sang dieses Wunsch-Lied mit heller Stimme vor. Damit es auch ja schön "klinge", wurde es auf Notenpapier geschrieben!

Ich möchte gern ...

Lucie Steiner

2. Ich möchte gern die Blume sein in unserm Garten grün.
Ich wünsche alle Farben mir und will nur für dich blühn.

3. Ich möchte gern die Sonne sein, so warm und wunderschön
und dann den lieben langen Tag mit dir spazieren gehn.

Als ich fortgemußt

Als ich fortgemußt,
legten meine Eltern mir
beide Hände auf -
Ihre Worte: "Bleibe heil!",
kommen nie mir aus dem Sinn.

Hasetskubabe no Inamaro

Mitsing-Lied für die Familie

Die an Bekanntes erinnernde gemütvolle Volksmelodie soll die ganze Familie zum Mitsingen animieren. Man kann eine zweite Stimme finden und auch den "Baß" mitsingen.
Ziel: Von der Einstimmigkeit zur Mehrstimmigkeit und guten Laune!

Tierrätsel

Tierrätsel – Worträtsel

O	M	A	U	S	B	E
R	S	U	H	U	A	H
E	N	T	E	L	S	E
H	I	O	K	U	H	R
F	G	L	A	M	A	Z
S	E	I	L	O	N	W
U	L	H	R	A	I	O

Welche Tiere haben sich hier versteckt?
Sieben an der Zahl!
Auch andere Wörter suchen!
Waagrecht - dann senkrecht.
Die Musik verrät vieles. Hören und erinnern!

"Bitte lese mir meinen Brief vor!"

Ein Kind bringt einen "Brief" mit in die Musikschule, zeigt ihn und fordert: "Bitte, lese mir meinen Brief vor".
"Schrift"-Zeichen geben eine Mitteilung, Farbe gibt Gefühl. Das Kind erwartet, daß die Lehrerin den Inhalt kennt, weil sie sich doch mit dem Kind durch den Umgang im Unterricht verbunden fühlt.
Deshalb muß die Lehrerin die verschlüsselte Botschaft finden. Sie gibt auch "Antwort" auf den Brief. Das Kind freut sich.

Märchen

Es war einmal ein Prinz, weit drüben im Märchenlande. Weil der nur ein Träumer war, liebte er es sehr, auf einer Wiese nahe dem Schlosse zu liegen und träumend in den blauen Himmel zu starren. Denn auf dieser Wiese blühten die Blumen größer und schöner wie sonstwo.-

Und der Prinz träumte von weißen, weißen Schlössern mit hohen Spiegelfenstern und leuchtenden Söllern.
Es geschah aber, daß der alte König starb. Nun wurde der Prinz sein Nachfolger. Und der neue König stand nun oft auf den Söllern von weißen, weißen Schlössern mit hohen Spiegelfenstern.
Und träumte von einer kleiner Wiese, wo die Blumen größer und schöner blühten, denn sonstwo.

Bertolt Brecht

Es fällt ein Schnee hinieden

Anonymus 16. Jhdt.

2. Ich kann mein Lieb nicht sehen
   vor lauter weißem Schnee.
   Die eisig Winde wehen -
   mein Herze tut mir weh.

3. Ach Lieb laß Dich erbarmen,
   daß ich so elend bin,
   und schließ mich in die Arme!
   so fällt der Winter hin!

Du hast mir meine Klage verwandelt

Hermann Rauhe

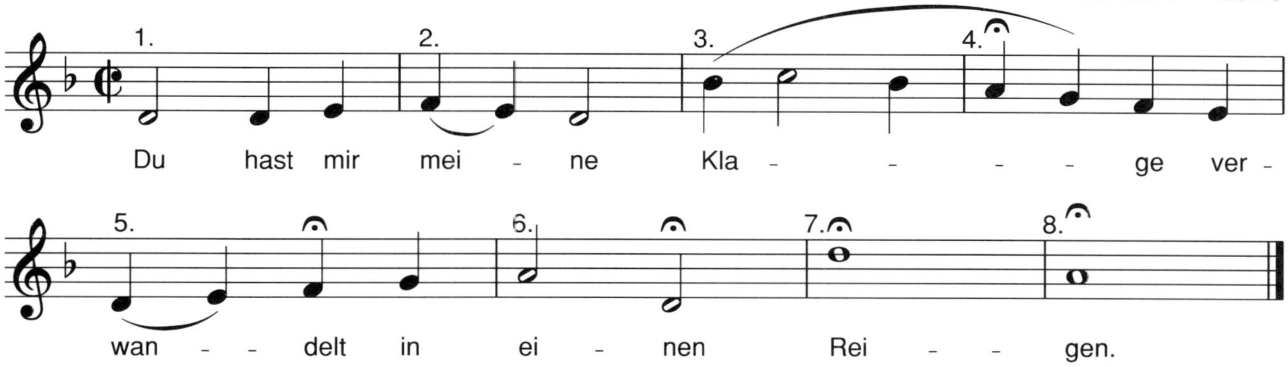

Was ist ein Gedicht?

Was ist ein Gedicht?
Nur das eine: daß ein Mensch
seine Stimme hebt,
um aus tiefstem Herzensgrund
auszusagen, was er fühlt.

Ozawa Roan

All mein Gedanken, die ich hab

T + W: Lochamer Liederbuch, um 1450
S: Harald Genzmer, *1909

2. Du auserwählter, einz'ger Trost, gedenk daran:
mein Leib und Gut, das sollst du ganz zu eigen han.
Dein, dein, dein will ich ewig bleiben.
Du gibst Freud und hohen Mut, kannst all mein Leid vertreiben.

Das menschliche Leben

Batschgau

2. Kein Feuer, keine Kohle kann brennen so heiß, als heimliche Liebe, von der niemand weiß!

3. Kein Rose, kein Lilie kann blühen so schön, als wenn zwei Verliebte beisammen tun stehen.

4. Setze du mir einen Spiegel ins Herze hinein, womit du kannst sehen, wie treu ich es mein.

5. Es lebe der König, mein Mädchen und ich. Der König für alle, das Mädchen für mich!

Also wollen Sie lange leben oder nicht?

“Also wollen Sie
lange leben oder nicht?”
fragte mich mein Arzt -
Lange sann ich drüber nach,
doch am Ende schwieg ich still.

Ishikawa Takuboku

Ich hatte einst ein schönes Vaterland

Ich hatte einst ein schönes Vaterland.
Der Eichenbaum
Wuchs dort so hoch, die Veilchen nickten sanft.
Es war ein Traum.

Das küßte mich auf deutsch, und sprach auf deutsch
(Man glaubt es kaum
Wie gut es klang) das Wort: “Ich liebe dich!”
Es war ein Traum.

Heinrich Heine

8. Die Welt ist ein Zirkus

Wer mit offenen Augen und Ohren in unserer Welt lebt, empfindet jeden Tag die "zauberische Note" von Überraschungen, von Unglaubwürdigem und auch von fast nicht zu bewältigenden Problemen.
Für viele Menschen sind "die Knospen der Unwissenheit" (J. W. von Goethe) noch nicht aufgeblüht. Tumult umgibt uns, aber auch fröhliches Stimmengewirr.
Man freut sich jeden Tag aufs Neue und begibt sich in die "Gefährlichkeit der großen Ebene".
Der Mensch baut sich darin "seine eigene Welt", freut sich über den Liebreiz der Kinder und dreht mit ihnen zusammen am "Rad" der Ereignisse, das seine eigene Lebensgeschichte dreht, seine Innenwelt nach außen stülpt und seine Außenwelt mit Erfahrungen panzert.

"Die Welt ist ein Zirkus, für Kinder so schön! Das Rad dreht sich weiter und wir müssen gehn."
Volksgut

"Ich bin da"

Seid willkommen

Heinz Lemmermann

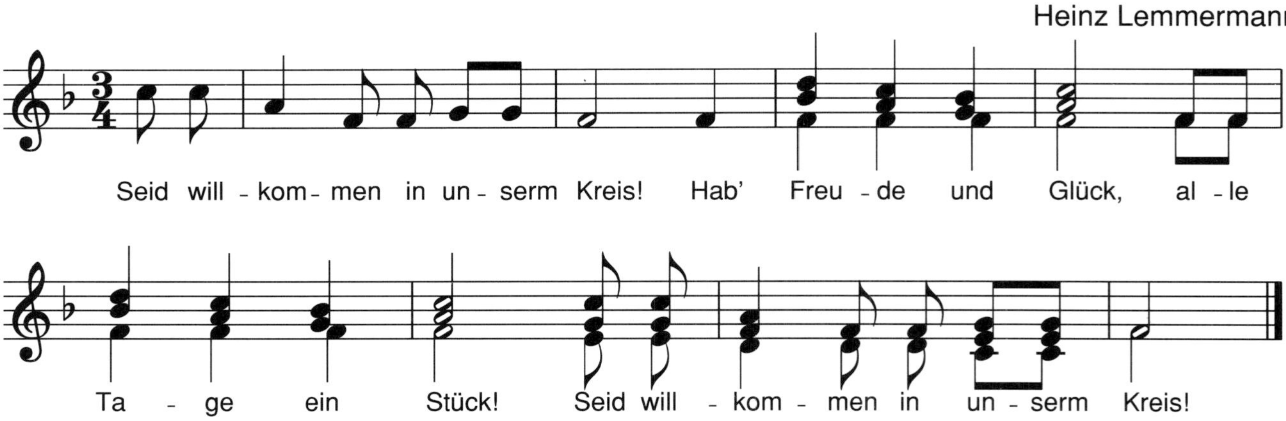

Begrüßung

Anregungen:
Verschiedene Begrüßungsgesten werden ausprobiert. Alle gehen im Raum, begegnen sich, nicken einander zu und gehen weiter. Nach Signal oder bleiben alle stehen und sprechen mit dem Nächststehenden.
Alle vorher erprobten Gesten werden im Spiel nacheinander angewandt.

Vers mit verschiedenen Bewegungsarten

Schaut mal wer gekommen ist
Wer ist alles da?
schaut mal wer gekommen ist,
wer geht denn da?
schleicht ... hüpft ... tanzt ... denn da?
Alle rufen dann den entsprechenden Namen.
(Auch als Kennenlernspiel geeignet)

Geburtstagslied

Text, Melodie und kleiner Tanz: Ilse Loesch

Text des Liedes/Zeichnungen

Wir freuen uns, wir freuen uns, daß dein Geburtstag ist.

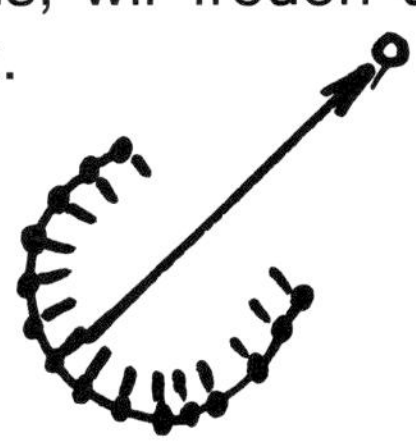

Wir freuen uns, daß du heut auch mit uns zusammen bist.

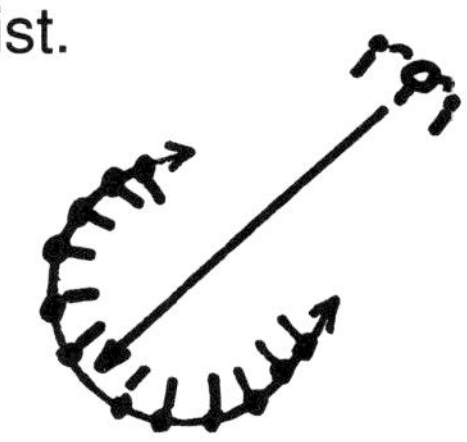

Und was das neue Jahr dir bringt, ob es lacht oder weint, ob es pfeift oder singt.

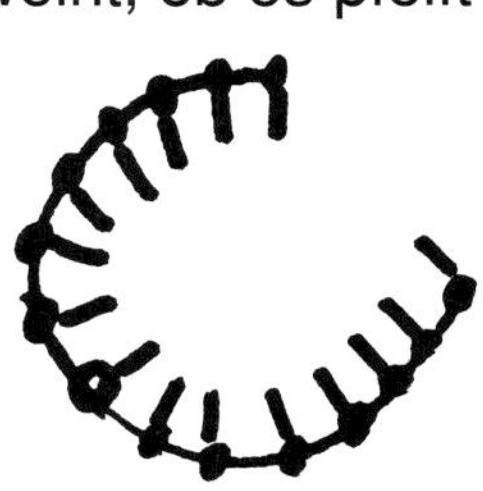

Ablauf des Gruppenspiels

Zwei Kinder aus der Mitte des Halbkreises gehen miteinander dem Geburtstagskind entgegen und stellen sich ihm zur Seite. Die anderen Kinder singen und klatschen in die Hände.

Das Geburtstagskind wird an den anfänglichen Platz der Begleiter geführt, und alle drei Kinder wenden sich zur Mitte. Die anderen Kinder singen und klatschen weiter, wobei sie - mit kleinen Schritten zur Seite - den Ankommenden Platz machen. Abschließend fassen sich alle bei den Händen.

Mit einem Schritt zur Seite beginnend treten sie hin und her, wobei Oberkörper und Kopf die Seitenbewegung fortsetzen können. Alle singen mit. Zum Schluß lassen sie einander los, nur in der Dreiergruppe nicht.

Komm, geh'n wir ihm entgegen, ein Lied auf allen Wegen.

Nun führt das Kind, das das Gebutstagskind auf der linken Seite begleitet, alle zu einem großen Kreis: von rechts und links kommend, schließen sie sich der Dreiergruppe an.

Ein Lied, ein Lied, ein Lied, ein Lied -

Die einfachen Schritte gehen ins Hüpfen über.

Ein Lied auf allen Wegen!

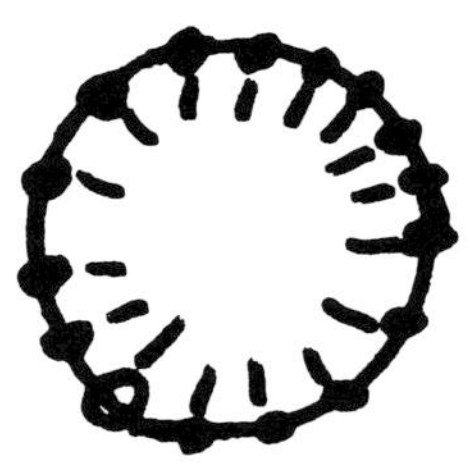

Wenn die Schritte während dieser letzten 2 Takte dazu ausreichen, den Kreis schließen. Betonter Abschluß!

Die Kinder sollten dazu angeregt werden, vom Sinn des Textes und seiner Melodie ausgehend, eigene Formen des Bewegungsablaufs auszuprobieren (Wege, Partnerbeziehungen, Schritte, Gesten, Abschluß).

Der Kran

Luis Steiner

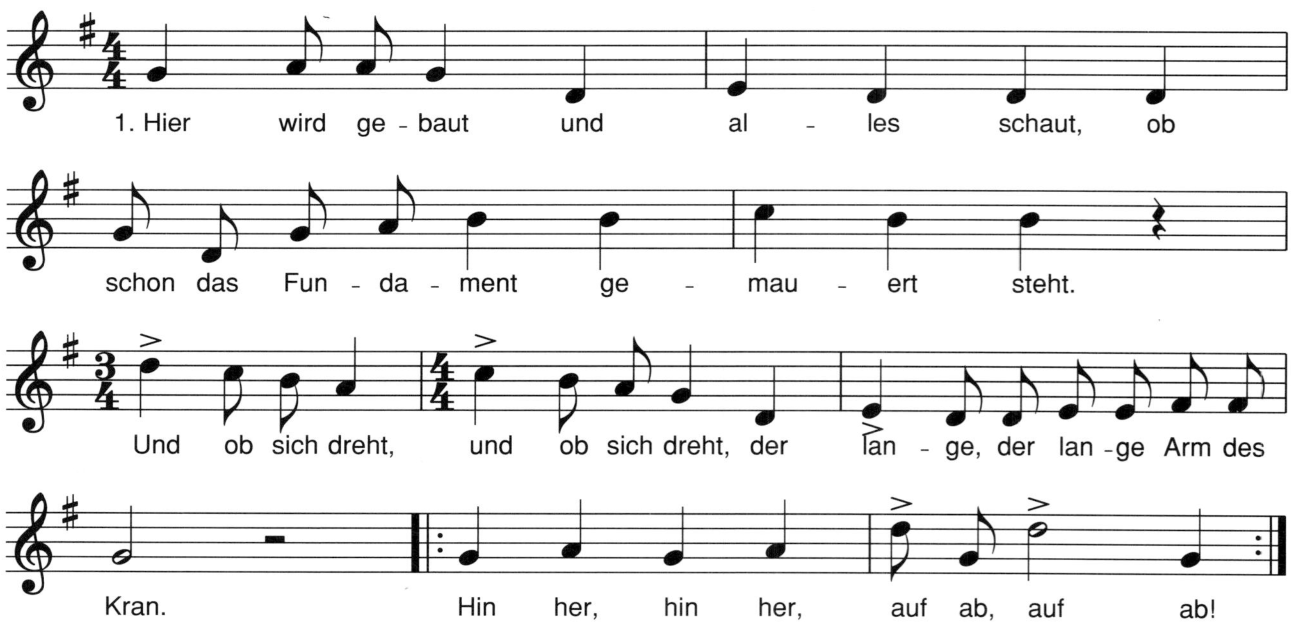

2. Aus Stahl und Stein ist das Gebein, das greift mit Kraft er an, erzielt und legt. Schwingt und bewegt ...

3. Der Maurer schreit: "Doch nicht so weit, hier braucht man Material und Beton!" Dort hievt er schon, dort hievt er schon ...

Anregungen:
Artikulation und Sprachgewandtheit schulen, ab Takt fünf Kranbewegungsspiel.

Danke für diesen guten Morgen

Martin G. Schneider

2. Danke für alle guten Freunde,
danke, o Herr, für jedermann,
danke, wenn auch dem größten Feinde
ich verzeihen kann.

3. Danke für meine Arbeitsstelle,
danke für jedes kleine Glück,
danke für alles Frohe,
Helle und für die Musik.

Danke für die schöne Welt

Kinderlied aus England

Pfeifen und Singen

Die Lippen zu spitzen - zum Pfeifen versteht sich - ist eine reizvolle Übung, um "getupfte" Klänge bei fließender Tongebung einmünden zu lassen in sinnvolle Atemzäsuren. Beim Pfeifen "spart" man Atem und kann deshalb dem Ablauf einer Phrase mühelos eine tänzerische Darstellung abgewinnen.

Das lockere Einfedern auf den nächsten Einsatz muß - bei geringem Atemholen - präzis folgen. Man kann die Liedmelodie auch auf Tonsilben (dü dü dü ...) singen und achtet - insbesondere bei großen Tonsprüngen - auf reine Intonation.
Eine zügige Pfeifmelodie die Spaß macht!

Hörst du nicht den feinen Ton

Melodie aus Frankreich

Blumenkanon

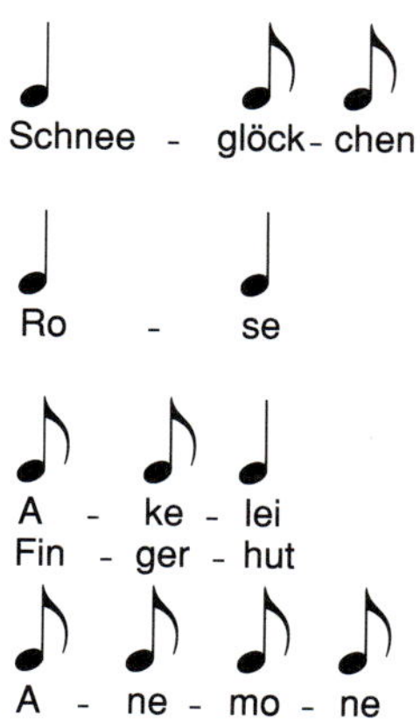

Anregungen:
- im Sprachrhythmus sprechen
- singen (beliebige Töne oder gewählte)
- auf Instrumente übertragen
- eigene Rhythmussprache erfinden

Varianten für Wortrhythmen:
- verschiedene Länder ...
- verschiedene Instrumente ...
- verschiedene Namen ...
- verschiedene Tiere ...

Was der Bagger sich wünscht

Hans Baumann

Zauberei

Hans Baumann

2. Vater malt ein Haus,
schaun fünf Kinder raus.
Plötzlich regnet's sehr,
keine Kinder mehr.
Ich hab meinen Spaß daran,
wie der Vater zaubern kann.
Nun schau genau -
nur Regen, regengrau!

3. Ich mal einen Hund
auf ein Blatt, na und?
Kaum, daß er da sitzt,
ist er weggeflitzt!
Vater sieht dem Blatt gleich an,
daß ich besser zaubern kann.
Als wer? Als er!
Kein Hund, das Blatt ist leer!!

O–O Wenn Klänge sprechen und erzählen

Anregungen:
Man hört Musik und überlegt was sie "erzählt", welche Situation dazu passen würde. Darüber wird ein Bild gemalt.

Die Bilder werden miteinander verglichen und besprochen. Man sucht Möglichkeiten, ob man die gemalte Situation mit einem einzigen Wort ausdrücken, einem einzigen Satz oder einem Gedicht "beschreiben" kann. Man stellt die Situationen auch als Bewegungsspiel dar.

Schöne Welt

Luis Steiner

2. Lauf ich zu den Blumen hin zu den Kräutern Rosmarin, Petersil und Suppenkraut, und dann sing ich laut: Schöne Welt ...
3. Krabbeln Käfer und Getier, schwingen Vögel über mir, neigt der Baum sein grünes Haupt, ist ein Lied erlaubt: Schöne Welt ...
4. Wenn die Grille nicht mehr zirpt und im Wald der Baum mir stirbt, wenn das Grün im Grau versinkt,mir kein Lied gelingt: Nun ade! Schöne Welt. Nun ade! Schöne Welt!

Ich bin Müllschlucker Paul

Text: Rudolf Otto Wiemer
Musik: Wilhelm Keller

2. Ich bin Müllschlucker Paul,
ich hab ein großes Maul,
ich schlucke Büchsen, Flaschenglas,
das Blatt, in dem der Papa las,
Blech, Plastiktüten, dürres Gras,
Gerümpel kunterbunt -
im Jahr dreitausend Pfund.

3. Ich bin Müllschlucker Paul,
ich hab ein großes Maul,
ach, könnt ich schlucken Zank und Streit,
die Hungersnot, den Haß, den Neid,
ich schluckte sie für alle Zeit,
im Jahr dreitausend Pfund -
dann wär die Welt gesund.

Anregungen:
- Vor- und Zwischenspiel mit selbstgefertigten Instrumenten begleiten. Wenn gesungen wird, leise begleiten, die Akzente stark betonen.
- neue Strophe "Müllvermeidung" erfinden.

Niemand da?

Was ich nicht bin

Was ich nicht bin, nicht habe, nicht will, nicht möchte -
und was ich möchte, was ich habe und was ich bin

Was ich NICHT bin:
Ich bin kein Spielverderber
Ich bin kein Kostverächter
Ich bin kein Kind von Traurigkeit.

Was ich ERSTENS, ZWEITENS und DRITTENS nicht bin:
Ich bin erstens kein Träumer, zweitens kein Einsiedler und drittens kein Bewohner des Elfenbeinturms.

Was ICH nicht bin:
Ich bin leider kein Held.
Ich bin leider kein Millionär.

Was ich GOTTSEIDANK nicht bin:
Ich bin gottseidank kein Automat.
Ich bin gottseidank keiner, mit dem man machen kann, was man will.

Was ich SCHLIESSLICH nicht bin:
Ich bin schließlich kein Hampelmann
Ich bin schließlich kein Irrenwärter
Ich bin schließlich kein Müllabladeplatz
Ich bin schließlich kein Wohltätigkeitsverein
Ich bin schließlich kein Seelentröster
Ich bin schließlich keine Kreditanstalt
Ich bin schließlich nicht euer Fußabstreifer
Ich bin schließlich kein Auskunftsbüro

Was ich ZWAR nicht bin,
ABER AUCH nicht bin:

Ich bin zwar kein Feigling, aber auch kein Lebensmüder
Ich bin zwar kein Verächter des Fortschritts, aber auch kein Anbeter alles Neuen
Ich bin zwar kein Militarist, aber auch kein Verfechter eines faulen Friedens
Ich bin zwar kein Anhänger von Gewalt, aber auch kein Prügelknabe
Ich bin zwar kein Schwarzseher, aber auch kein blauäugiger Utopist.

Was ich WEDER NOCH bin:
Ich bin weder ein Nationalist noch ein Gleichmacher
Ich bin weder ein Anbeter der Diktatur noch ein Verteidiger einer falsch verstandenen Demokratie.

Was ich nicht HABE:
Ich habe nicht die Lust, die Nase in die Angelegenheiten fremder Leute zu stecken.

Was ich nicht WILL:
Ich will kein Aufsehen.

Was ich nicht will, ABER:
Ich will ja nicht sagen, daß hier alles in Ordnung ist, aber -

Was ich NICHT will, ABER AUCH nicht will:
Ich will nicht allen meine Vorzüge aufzählen, aber ich will auch nicht auf falsche Weise bescheiden sein.

Was ich nicht MÖCHTE:
Ich möchte nicht den ersten Stein werfen.

Was ich MÖCHTE:
Ich möchte, daß wir uns vertragen.

Was ich WILL:
Ich will immer nur das Beste für euch.

Was ich GEWOLLT HABE:
Ich habe immer nur das Beste gewollt.

Was ich GEHABT HABE:
Ich habe früher ähnliche Ansichten gehabt.

Was ich HABE:
Ich habe eigene Probleme.

Was ich BIN:
Ich bin dafür.

Was ich AUCH NOCH bin:
Ich bin auch noch da.

Was ich AUCH MANCHMAL bin,
ABER DANN WIEDER:

Ich bin manchmal der Ansicht,
daß es so nicht weitergeht, aber dann wieder

Was ich BIN:
Ich bin's!

Peter Handke

Die Gefährlichkeit der großen Ebene

Ein Mann, der im Bahnhof seinen Morgenkaffee trank, sah sich im Wartesaal mit einem Mal zwischen Stühle und Tische geklemmt, wobei er geringe Quetschungen erlitt.
Die Kellner sprangen schreiend davon, das Geschirr fiel und fiel überall.
Der Zug, der nicht rechtzeitig zum Stehen gebracht werden konnte, fuhr über die große Asphaltfläche, zertrümmerte den Prellbock und die danebenstehende Zeitungsverkaufsstelle, überfuhr den großen breiten Querperron, durchschlug die Fassade der Empfangshalle und kam endlich im Wartesaal der ersten Klasse zum Stehen, aber auch nur deshalb, weil sich einige Steine vor die Vorderräder der Maschine legten, sonst hätte sich der Zug wohl weiter durch die ganze Empfangshalle und durch die Wand bis hinaus auf den Bahnhofsplatz und weiter hinauf durch die ganze ihrer Sehenswürdigkeiten wegen berühmten Stadt gewälzt und den Mann vor sich hergeschoben.

Ror Wolf

Anregungen:
Aus der Schilderung einzelne Szenen herausgreifen und Klangcollagen erstellen:
1. Satz eine verwunderte Feststellung
2. Satz eine überraschende Situation
3. Satz Ereignisse im accellerando und crescendo

Geistertango

Werner Beidinger

Ⓐ Kreis mit angefaßten Händen, in der Kreismitte ist ein Gespenst (mit Tüchern behängt). Das Gespenst "erschreckt" die im Kreis laufenden Kinder.

Ⓑ Das Gespenst steht wie "angewurzelt", die Kinder lösen die Hände und knien auf einem Bein, beim "Geister-Schrei" wieder laufen.

Ⓒ Schritte nach innen und außen, dabei klatschen und stampfen.

Gruselett

Der Flügelflagel gaustert
durchs Wiruwaruwolz,
die rote Fingur plaustert,
und grausig gutzt der Golz.

Christian Morgenstern

Die zwei Wurzeln

Zwei Tannenwurzeln groß und alt
unterhalten sich im Wald.
Was droben in den Wipfeln rauscht,
das wird hier unten ausgetauscht.
Ein altes Eichhorn sitzt dabei
und strickt wohl Strümpfe für die zwei.
Die eine sagt: knig. Die andre sagt: knag.
Das ist genug für einen Tag.

Christian Morgenstern

Heut nacht

Kinder finden scherzhafte Verfremdungslaute bei Gespensterspielen. Statt der Nachsilbe "kel" intonieren für einen gequetschten Gaumenlaut. Er soll "Dunkelheit" und "Angst" auslösen.
Sie bilden eine Gruppe, knien hin und bauen mit den Armen eine Höhle. Ein Kind erschreckt die anderen mit Fauchen und Zupacken.

Heut nacht, da ists dun-kchch
ich geh' zu meinem On-kchch
da sitzt die Katz im Win-kchch
und beißt mich in den Schen-kchch.

(volkstümlich)

Geistermusik

Ein dynamisches Musikstück mit Fauchen, Kratzen, Huschen, Poltern, Glockenschlägen ... bis alle Geister wegrennen.

Ballade in U-Dur

Es lebte Herr Kunz von Karfunkel
Mit seiner verrunzelten Kunkel
Auf seinem Schlosse Punkpunkel
In Stille und Sturm.
Seine Lebensgeschichte war dunkel,
Es murmelte nach Gemunkel
Um seinen Turm.

Detlef von Liliencron

Schloßgespenster

- Spiel mit Nylontüchern, lautloses Gehen auf Zehenspitzen, gegen die Tücher hauchen, stöhnen, ächzen;
  Stimmspiele: huuu, hooo ..., Glissando auf- und abwärts, Glissando auf stimmhaftes "sss" (sehr hoch und sehr tief), Glissandi auf m und n (bewußter Stimmeinsatz, Gehörschulung, Erweiterung des Stimmumfanges, Lockerung des Kiefers)
- Gespensterkonzert
  Partitur mit Stimmglissandi in 3 Gruppen darstellen:
  Glissando uuu
  Glissando sss
  Glissando mmm

Ingrid Engel

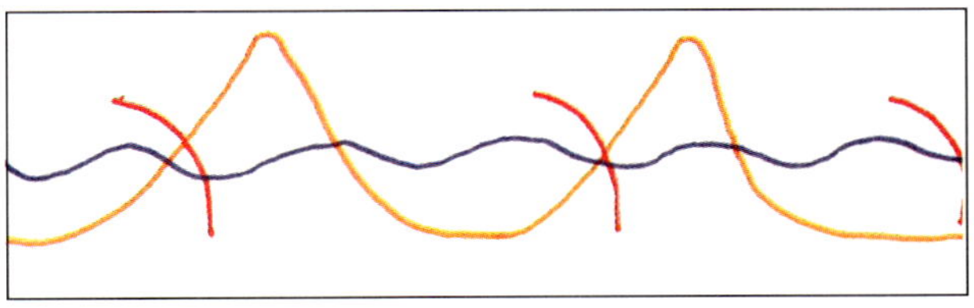

Der Kürbis erzählt

Ich sprenkle die Hügel
mit gelben Bällen im Herbst,
ich mache die Präriefelder hell
mit Riesenorangen, Goldklumpen -
man nennt mich Kürbis.
Ende Oktober,
wenn es früh dunkelt,
tanzen Kinder
Reigen um mich
mit Liedern vom Herbstmond
und Nebelgespenstern.
Dann bin ich ein Irrlicht
mit schrecklichen Zähnen -
die Kinder wissen: ich mach nur Spaß.

Carl Sandburg

9. Es steht in der Zeitung!! Stimmt das?

Text: Josef Guggenmos
Musik: Heinrich Rohr

Heut wanderte durch unsre Stadt

O-O **Aus der Zeitung**

Früher wurden aktuelle Meldungen noch als Extra-Blatt auf der Straße angeboten. Wichtig waren die Überschriften, die marktschreierisch zum Kauf des Extra-Blatts ermunterten.

Anregungen:
Der Hintergrund von Geräuschen und Klängen beeinflußt das Lesen von Überschriften aus verschiedenen mitgebrachten Zeitungen. Einzelne (solo) oder Gruppen (tutti) lesen, rufen, flüstern ... nacheinander oder miteinander Überschriften.

Bei diesem aleatorischen Spiel ergeben sich eigenartige und auch witzige Satzverbindungen.

Halbbewußte Kritzeleien, wie sie oft entstehen beim Zuhören, beim Telefonieren beispielsweise, passieren meist in fast passivem Zustand unseres Körpers, nur die Hand bewegt sich automatisch. Bewußtes und Unbewußtes fließen ineinander und strömen in unser Tagesbewußtsein ein. Das Denken ist zwar beteiligt, springt aber aus dem konventionellen Schema der allgemeinen Spielregeln heraus.
Nicht nur bei Informationen, die beim Hören und Sprechen empfangen und weitergegeben werden, ergeht es uns so, sondern auch wenn wir uns mit anderen Medien beschäftigen, mit Computer, Radio, Fernsehen oder wenn wir Zeitung lesen.
Zeitung, das alte, noch beliebte Transportmittel von Informationen, ist zwar nicht das aktuellste mehr, aber ein benutzerfreundliches, leises, nur bei Sensationen schreiendes Medium. Es spricht, es erzählt, es berichtet, es widerspricht nicht, es bietet an. Da steht es "schwarz auf weiß" in der Zeitung! Stimmt das? Die Zeitung lügt doch wie "gedruckt"!
Ein Draufblick bringt noch nicht den Durchblick, man macht sich ein "Bild", Sprache wird beim Lesen hörbar, Bilder sind stumme und beredte Zeugen zugleich - von dem was gestern geschah und heute vielleicht passiert. Vorurteil und Urteil liegen dicht beieinander, denn viele Meinungen variieren das Hauptthema des Tages.
Meldungen in Dur und Moll strukturieren für den der "zwischen den Zeilen" liest.

Anregung:
Eine Singgruppe gestaltet pointiert das Lied. Der Wechsel vom 2/4-Takt in den 6/8-Takt wird leise, aber mit Spannung gesungen und steigert sich zum "Sprung".
Die Bewegungsgruppe spielt mit Zeitungsseiten die "Geschichte", die sich, dem Text entsprechend, weiträumig entwickelt.

Hört, Ihr Leut und laßt Euch sagen:
Wir sind wieder mal geschlagen.
Doch wir lassen uns nicht rauben
unsern felsenfesten Glauben,
daß wir brave Kämpfer sind,
auch wenn meist der Feind gewinnt.
gez. Willi Entenmann.
f. d. R. Gerhard Mayer-Vorfelder.

Fuchs du hast die Gans gestohlen

Von Hans Blickensdörfer

Es sei zugegeben, daß es sich bei den beiden Unterzeichnenden um eine gelinde Urkundenfälschung handelt. Dieses Gedichtlein ist mir nämlich bei der Pressekonferenz nach dem Spiel unversehens in den Notizblock geflossen. Es könnte aber, wenn man an ihre larmoyant-braven Statements denkt, durchaus von den beiden Herren stammen.

Außerdem ist es schöner schwäbischer Brauch, Jubiläen mit Gedichten zu feiern. Unsere Nachforschungen haben ergeben, daß der VfB Stuttgart von 1893, der in drei Jahren seinen 100. Geburtstag feiert, in seiner ganzen Geschichte noch nie in neun aufeinanderfolgenden Spielen ohne Sieg geblieben ist. Fünf Heimspiele waren darunter. Wenn man sich da nichts zusammenreimen muß!

Jetzt ist auch dem Brävsten diese schwäbische Bravheit zuviel, mit der emsig die kleinsten aller Brötchen gebacken werden, die keine Sau mehr fressen will. Geschmeckt hat es freilich dem Bremer Trainer Rehhagel, der nun gewiß kein braver, wohl aber ein Fuchs ist, was von Willi Entenmann wahrlich nicht behauptet werden kann.

Rehhagel hat gewaltig tiefgestapelt und seinen Erfolg ganz schlicht mit der Behauptung erhöht, daß es doch ein hartes Stück Arbeit gewesen sei, den tüchtigen Stuttgartern diese beiden Punkte zu entreißen.

Oh Otto! Schönen Brei hast Du da Deinem Kollegen ums Maul geschmiert. Hat bloß noch gefehlt, daß der mit einer Zipfelmütze im Kreis herumgegangen wäre – Du weißt ja, wie ich's meine – und dazu „Fuchs Du hast die Gans gestohlen" gesungen hätte. „Gib sie wieder her, sonst wird Dich der Jäger holen mit dem Schießgewehr."

Bloß, beim VfB müssen die Schießgewehre alle abgegeben worden sein. Es sind einfach keine da. Und wenn der Eike Immel sich nicht zum besten Spieler aufgeschwungen hätte, dann hätten diese Braven mit einer hübschen Packung aus der blütenweißen Wäsche geguckt. Sagen wir 1:4, und die Rechnung ist einfach. Hochkarätige Chancen: VfB zwei, Werder acht. Macht nach Adam Riese 1:4. Und die Moral von der Geschicht: Der Präsident und Kultusminister könnte, zwecks feinsinniger Erbauung, der braven schwäbischen Jugend ein Lesebuch mit Moritaten und Gruselliedern des braven VfB herausgeben unter der Leitung des zur Zeit vom Lehramt beurlaubten Willi Entenmann.

Das wär doch was. Bekanntlich sind K[illegible] der eifrige Lerner aus falschen Verhalte[illegible] weisen. [illegible]nd unmöglich kann sich der gegen[illegible] men richtig verhal[illegible] ben, [illegible] hüter [illegible] ist [illegible] hal[illegible] st [illegible]

Ein niederschmetternder Stimmungsbericht! Wie kann dieses Spiel ausgehen?

⚬–⚬ Eine tolle Stimmung!
(Fußballstadion)

Eine tolle Stimmung kann ansteckend sein. Wird im Fußballstadtion gesungen, singen alle mit. Bildet sich ein Sprechchor, entsteht ein gewaltiges Staccato Vieler. Es können sich große Bewegungs-Wellen auslösen. "Hört ihr Leut' und laßt euch sagen, was der Reporter hat zu klagen!"

Gemeinsame Spiele mit Zeitungen

- langsam Zeitungsseiten durchreißen
- schnell zu Fetzen reißen
- falten und kneifen
- hin und her schwingen
- zusammenknüllen und an die Wand werfen

Die Geräuschaktionen auf Cassette aufnehmen und anhören. Mit anderen Alltagsgeräuschen vergleichen.

Anzeigentexte

Es gibt witzige Sprechstücke und Chorwerke verschiedener Tonsetzer, die Kleinanzeigen aus Zeitungen als "Muster" für eine Komposition verwenden. Aus Kostengründen abgekürzte Worte wie *Symp., dkl., schl., att., begr., led., eheerf., m.v.f.* werden dabei als Stimmspiele "getarnt".

Symp. Sie in den Fünfzigern, dkl., schlk., sens., sportl., eheerf., m. v. Interess., Raum 34 – Ortswechsel mögl. –, wünscht sich **ungeb.** Partner m. positiver Lebenseinst. f. Neuanf. (Bild-)Zuschr. an

Du hast keinen begr. Horizont, bist offen nicht über 40, aber über 1,85 m, attr. u. individuell. Stimmt's? Ich, 25, ♀, groß, attr., er-

Gibt es ihn doch – d. Partner m. Niveau u. Ausstrahlung (g. Kolleg.), NR, in SH, DITHM.? Wenn ja, schreiben Sie einer gesell. beliebten, led. Päd., 41/1,72/65, m.

Letzte Meldung

Eine Meldung aus der Zeitung wird vorgetragen

> **Verbraucher: Bestrahlung von Lebensmitteln verbieten**
>
> **Hannover** (ap). Rund 600 Tage vor der Einführung des Europäischen Binnenmarktes haben die Verbraucherzentralen vor Rückschritten im Lebensmittelbereich gewarnt. In einer in Hannover verbreiteten gemeinsamen Erklärung forderten die Organisationen ein Verbot der Lebensmittelbestrahlung, der gentechnischen Veränderung von Lebensmittelzutaten und sämtlicher Masthilfsmittel in der Tierproduktion. Sie verlangen außerdem eine lückenlose Kennzeichnung aller Zutaten und Zusatzstoffe und EG-einheitliche Qualitätsstandards für Grundnahrungsmittel.

Anregungen:

- in sachlichem Ton, verständlich artikuliert
- mit Dialektfärbung
- zwei Stimmen kommentieren im Frage- und Antwortspiel

Krieg

Schülerbild aus dem Unterricht "musikalische Grundausbildung" in der Musikschule

Maßnahmen gegen die Gewalt

Als Herr Keuner, der Denkende, sich in einem Saale vor vielen gegen die Gewalt aussprach, merkte er, wie die Leute vor ihm zurückwichen und weggingen. Er blickte sich um und sah hinter sich stehen - die Gewalt

"Was sagtest du?" fragte die Gewalt.

"Ich sprach mich für die Gewalt aus", antwortete Herr Keuner.

Als Herr Keuner weggegangen war, fragten ihn seine Schüler nach seinem Rückgrat. Herr Keuner antwortete: "Ich habe kein Rückgrat zum Zerschlagen. Gerade ich muß länger leben als die Gewalt."

Und Herr Keuner erzählte folgende Geschichte:

In die Wohnung des Herrn Egge, der gelernt hatte, nein zu sagen, kam eines Tages in der Zeit der Illegalität ein Agent, der zeigte einen Schein vor, welcher ausgestellt war im Namen derer, die die Stadt beherrschten, und auf dem stand, daß ihm gehören solle jede Wohnung, in die er seinen Fuß setzte; ebenso sollte ihm auch jedes Essen gehören, das er verlange; ebenso sollte ihm auch jeder Mann dienen, den er sähe.

Der Agent setzte sich in einen Stuhl, verlangte Essen, wusch sich, legte sich nieder und fragte mit dem Gesicht zur Wand vor dem Einschlafen: “Wirst du mir dienen?” Herr Egge deckte ihn mit einer Decke zu, vertrieb die Fliegen, bewachte seinen Schlaf, und wie an diesem Tage gehorchte er ihm sieben Jahre lang. Aber was immer er für ihn tat, eines zu tun, hütete er sich wohl: das war, ein Wort zu sagen. Als nun die sieben Jahre herum waren und der Agent dick geworden war vom vielen Essen, Schlafen und Befehlen, starb der Agent. Da wickelte ihn Herr Egge in die verdorbene Decke, schleifte ihn aus dem Haus, wusch das Lager, tünchte die Wände, atmete auf und antwortete: “Nein”. *Bertolt Brecht*

Kinderseite einer Tageszeitung

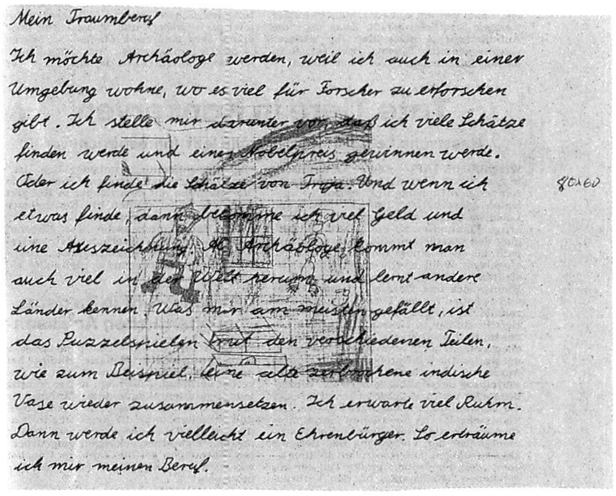

Mein Traumberuf

Ich möchte Archäologe werden, weil ich auch in einer Umgebung wohne, wo es viel für Forscher zu erforschen gibt. Ich stelle mir darunter vor, daß ich viele Schätze finden werde und einen Nobelpreis gewinnen werde. Oder ich finde die Schätze von Troja. Und wenn ich etwas finde, dann bekomme ich viel Geld und eine Auszeichnung. Als Archäologe kommt man auch viel in der Welt herum und lernt andere Länder kennen. Was mir am meisten gefällt, ist das Puzzelspielen mit den verschiedenen Teilen, wie zum Beispiel, eine alte zerbrochene indische Vase wieder zusammensetzen. Ich erwarte viel Ruhm. Dann werde ich vielleicht ein Ehrenbürger. So erträume ich mir meinen Beruf.

80x60

Ohne Kommentar!

Kindergartenzeitung für Eltern

Das Bild zur erzählten Geschichte:

Man sagte auch von Max, daß er die lange Treppe im Schloß in drei Sprüngen hinabspringen konnte.

Er war so stark, daß er ein wildgewordenes Pferd einfach hinten am Schweif packen und seitwärts drehen konnte. Dann war das Pferd so verblüfft, daß es wieder ruhig stehenblieb.

10. Ich wollte, mein Gedicht könnte singen

Gefühle, persönliche Einstellung und Meinung fließen in die Sprache der Dichtung. Wenn der Lyriker Töne "unter derHaut"hat und ein Bild träumt, dann spürt man den Puls seiner Sprache, man fühlt sich ihm verwandt, auch wenn die Symbolik seiner Gedanken dem Ungeübten nicht immer durchsichtig erscheinen.
Maler, Dichter und Tondichter sollen das Schlußwort sprechen.

Das Bild

Ich malte ein Haus:
In dem Haus war ein weißer Ofen.
Und einen Wald malte ich.
Und Schluchten.
Und einen Fluß.
Aber der Wald rauschte nicht.
Und der Fluß
floß nicht.
Und der Ofen
gab überhaupt keine Wärme.

Wozu brauch ich
einen bewegungslosen Fluß?
Wozu einen kalten
flachen Ofen?
Und den Wald
und die Schlucht
brauch ich auch nicht.
Und ich riß
mein Bild von der Wand.

Und sie blieb leer
und kahl die Wand.
Als verlöre sie
plötzlich
das kleine Haus mit dem Schornstein
und den lustigen Wald,
die Schlucht
und den Fluß
ein himmelblauer Streifen.

Irina Piwowarowa

Worte

Worte die nicht geschrieben oder gesprochen, sondern nur geduftet werden können,
Worte die nur gemalt werden können.

Hans Arp

An meine andere Stimme

Ich wollte,
mein Gedicht könnte
singen.
Denn ich höre
eine Stimme
immer wieder
eine Stimme
hinter den Wörtern
nach denen ich
suche,
Wörter, die
nichts mehr wiegen,
leicht sind,
leichter geworden sind
von der Suche
nach einer Stimme,
ihrer Stimme, die
das Schweigen
bricht,
endlich bricht.

Peter Härtling

Ermunterung

In dem Marterpfahl, kann sein,
Sitzt der Wurm,
Und ein Wetterstrahl, kann sein,
Sprengt den Turm.
Und der Galgenstrick, kann sein,
Er ist alt,
Und ein Augenblick, kann sein,
Ändert dein Geschick, kann sein
Schon bald.

Auf die Mitternacht, kann sein,
Folgt ein Tag.
Wenn die Welt einkracht, kann sein,
Daß nichts dran lag.
Ha, das Allerletzte trat
Noch nicht ein.
Drum mutig, edle Seele,
Das Messer an deiner Kehle
Kann schlecht geschliffen sein.

Peter Hacks

Augenlos

Augenlos ist die Steinhaut
Die uns, wir wußten, eingrub.
In Seelentürmen. Wir wissen,
Wir lieben die Rose, die niemals war,
Die Rose, das Steinherz.

Im Spiegel ist das Auge.
Das Auge im Stein.
Der Stein lebt tot.

Es ist nie Zeit, daß man weiß:
Es ist Zeit, daß die Steine sich lösen
Und schwebend über den Rosen
Zerlieben die Haut unserer Seele.
Es ist Zeit, daß die Türme zu Staube erblühn.

Und doch leg ich den Stein
Dir als Rose, auch wenn ich nicht weiß,
Ins Aug Deiner Seele.

Rainer Nübel

Höhlensprache

Im Zyklus "Höhlensprache" stellt Werner Dürrson Sprache und Stein einander gegenüber. Die Sprache versteinert, der Stein spricht. Höhlensprache gibt sprachlich strukturierte Eindrücke wieder. Sie beschreiben Zuflucht, Schutz, Inseitigkeit und zugleich auch Verlorenheit, Verbannung, Kälte und Orientierungslosigkeit.

Die Anordnung der Zeichen, der Phänomene, kann Instrumentationsbedeutung erlangen, in und mit dem Raum sein, choreographische Vorlage bedeuten und zur Verbindung mehrerer Medien führen.
Das reale musikalische Interpretieren hält der Komponist für nicht zwingend, da schon im Visuellen, Idee, Klang, Struktur und Zeit wahrnehmbar sind.

Tuff
nichtsbesagend

wort versickert

vertufft

unter der horizontlosigkeit

ohne hall

wände

gänge

hohlklang
schweigen

nichtsbesagend

tuff

(restliche stimme
hinterm versturz)

gruft

karst kalk
was war

stein geworden

vertropft

licht
himmel vertropft

volle leere unter der horizontlosigkeit
ohne hall

zapfen brocken

klüfte
ausgespart luken
hohlformen

fugen

(angelus absens)

gruftgesprächig
restliche silben

stein geworden spricht
stein spricht sinter
spricht kalk

hinter der taglosigkeit
wieviel licht

siehst du
Niobe
leuchten

zapfen säulen
karyatiden

hörst du
atlant

wieviel klang

(taubohr höre)

stein
spricht
singt
für stein

lob dolorit
leidfossil
lob

wen immer
der stein ist mit euch
der himmel (wie wir) aus stein
erhört stein

(angelus absens)

Werner Dürrson

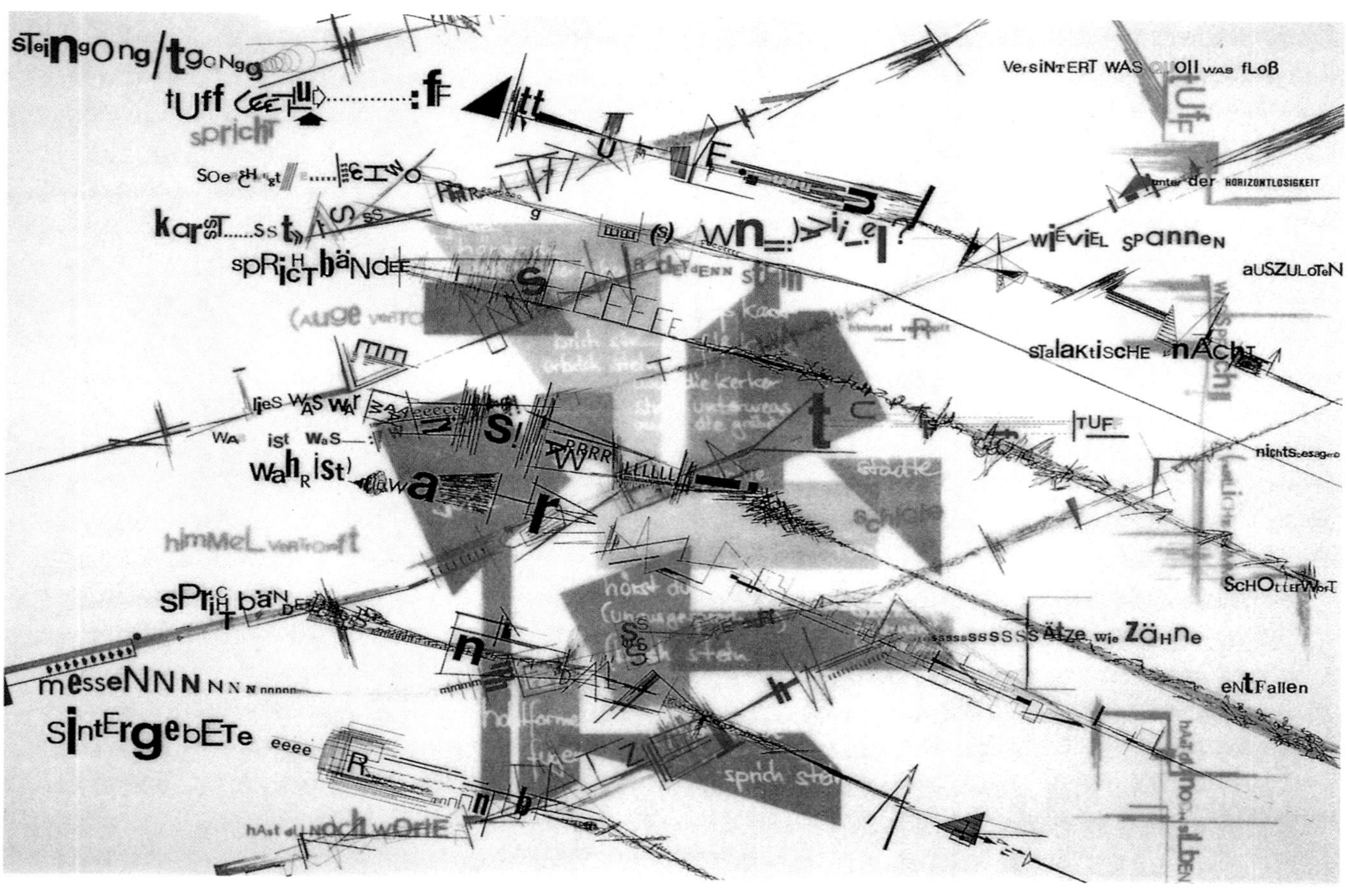

Klaus Feßmann

Querverbindungen

Die Querverbindungen zwischen rhythmischen, musikalischen, tänzerischen und den Kurzspielen für die Stimme sind auf große, umfassende Themenkomplexe ausgerichtet, innerhalb derer sich differenzierte Teilbereiche auffinden lassen.

Die Querverbindungen durchlaufen alle Sachbereiche der musikalischen Früherziehung und der Musikalischen Grundausbildung:

- Singen und Sprechen,
- elementares Instrumentalspiel,
- Musik und Bewegung - Tanz,
- Musikhören und Musiklehre.

Hier geht es vor allem um das Erlernen musikalischer Begriffe und das im Spiel sich bildende Bewußtmachen allgemeiner Begriffe. Sie dienen als Grundlage der Wissensbildung und können dann den *kreativen Umgang mit den Elementarkenntnissen fördern.*

Fast immer haben die Themen mit dem Komplex Musikhören zu tun, weil Musik ohne Hören - dazu zählt auch das innere Hören - gar nicht vorstellbar ist. Der Komplex Hören ist daher nicht extra ausgewiesen.

Der Gesichtspunkt der Gemeinsamkeit ist ein verbindendes Element. Er ist sowohl im Kindergarten, in der Schule, wie in der Musikschule und auch in der Familie gegeben. Denn in die Gemeinsamkeit der Familie sind auch Freunde der Kinder und Freunde der Familie mit eingebunden.

Spielen ist wieder zum zentralen Bereich des Lernens geworden. Miteinander Spielen und Gestalten aktiviert die Menschen, läßt sie vieles neu erleben. *Durch kreative Teilnahme in offener Atmosphäre* und durch die fordernde Substanz der kurz gefaßten Inhalte bekommt man *Mut zum eigenen Handeln.*

Durch gemeinsames Singen, Spielen, Malen, Musizieren und Tanzen ergeben sich soziale Kontakte. Nicht nur Einsicht in musikalische Zusammenhänge werden gefördert, es ergeben sich kulturelle Akzente, die *im Leben der Kinder und Erwachsenen wichtige Bestandteile der gegenseitigen Verständigung* sind.

Die Gliederung in Sachbereiche erleichtert den erfahrenen Pädagoginnen und Pädagogen eine sinnvolle Zusammenstellung und Planung ihres Unterrichts.

Kurzspiele für die Stimme (Ersch.jahr 1991) = ST
Tänzerische Kurzspiele (Ersch.jahr 1988) = TK
Musikalische Kurzspiele (Ersch.jahr 1982) = MK
Rhythmische Kurzspiele (Ersch.jahr 1980) = RK
Hörbeispielcassette = O-O

Bewegungsspiele - Tanz

RK 10 Mach mit O-O
33 Klatsch-patsch O-O
35 Musikzirkus O-O
36 Steif-locker O-O
43 Konzentrationsmusik O-O
Gesten und Gebärden O-O
Malen und Tanzen O-O
MK 10 Begrüßungsspiel O-O
17 Ringel-rangel
20 Trat ich heute O-O
25 Weihnachtsspiel
33 Gib weiter
36 Malen nach Musik O-O
46 Adventskalender
46 Das Karusell
49 Tanz der Bären O-O
50 Viele Tiere O-O
MK 53 Vogelschwarm
53 Schmetterling O-O
54 Die Raupe
55 Schweben O-O
56 Spielplatz
57 Fingertheater
58 Erde, Wasser, Licht ...
59 Maskentanz
60 Nadel und Schere
63 Klatschpolka O-O
TK 07 Lauftanz O-O
08 Hopsassa O-O
10 Der Mann und die Frau
11 Katz und Maus
12 Rasseltanz
12 Tüchertanz
14 Bi-Ba-Butzemann O-O
14 Ei wir tanzen heute
16 Alle meine Kleider
17 Hin und her O-O
18 Blinke, blinke
21 Schneeflocken tanzen O-O
22 Die musikalische Schlittenfahrt O-O
23 Klangspuren

Atem und Stimme

Stimmspiele mit Materialien und Notation

Kanonsingen

Sprechverse, Reime und Kurzgedichte

Geschichten und Gedichte zum Vorlesen und szenischen Gestalten

Wort- und Rhythmusspiele

Instrumente

Wenn Klänge sprechen und erzählen

Natur und Umwelt

Jahreszeiten

Von Tieren (Tierlaute, Tierbewegung)

Spiele zur musikalischen und allgemeinen Begriffsbildung

Besondere Anlässe

Zum Freuen, Fürchten und Spaßmachen

Zum Mitmachen, Mitsingen und Mitspielen

Autoren, Komponisten, Grafiker und Bearbeiter

Arp, Hans: *Worte,* aus: Gesammelte Gedichte III © Verlags-AG Die Arche, Zürich und Limes Verlag, München 1984
Baumann, Hans: *Was der Bagger sich wünscht - Zauberei* © Rechte beim Autoren
Beidinger, Werner: *Der Tausendfüßler - Die Vogelscheuche - Geistertango - Sankt Martin* © Rechte beim Autoren
Berio, Luciano: *Sequenza III für Stimme* © Aufnahme: Dureco Netherland B.V., NL-Weesp
Blickensdorfer, Hans: *Fuchs du hast die Gans gestohlen,* aus: Stuttgarter Zeitung © Rechte beim Autoren
Böke, Barbara: *Ich heiße August Fridolin* © Fidula Verlag, Boppard
Bootz, Dieter: Karikatur © Rechte beim Autoren
Boto, Nomura: *Weil die Nachtigall eine süße Stimme hat,* aus: Japanische Jahreszeiten © Manesse Verlag, Zürich 1963
Brecht, Bertolt: *Herr Keuner und die Flut - Märchen - Maßnahmen gegen die Gewalt* © Suhrkamp Verlag, Frankfurt/M. 1967
Brentano, Clemens: *Vokalfarben*
Buschmann, Wolfgang: *Der Hut der Vogelscheuche,* aus: Der Stuhl als Pferd und umgekehrt © Der Kinderbuchverlag, Berlin 1979
Diening, Horst: *Ein Vater, sein Kind* © Rechte beim Autoren
Drobisch, Gustav Th.: *Einstimmen der Instrumente*
Dürrson, Werner: *Höhlensprache* (Texte) © Rechte beim Autoren
Engel, Ingrid: *Schloßgespenster* © Rechte bei der Autorin
Ensign, Deborah: *Spiegel, Spiegel* © Rechte bei der Autorin
Erb, Elke: *DIE SCHWARZEN WEISS REDENDEN* © Aufbau-Verlag, Berlin und Weimar
Feßmann, Klaus: *Höhlensprache* (Grafik) © Rechte beim Künstler
Genzmer, Harald: *All mein Gedanken die ich hab* (Satz) © Rechte beim Bearbeiter
Guggenmos, Josef: *Heut wanderte durch unsre Stadt* (Text) © Rechte beim Autoren
Hacks, Peter: *Ermunterung - Irrtümer - Wann geht endlich die Musik los?* © Rechte beim Autoren
Härtling, Peter: *An meine andere Stimme* © Luchterhand Literaturverlag, Frankfurt/M.
Handke, Peter: *Was ich nicht bin,* aus: Die Innenwelt der Außenwelt der Innenwelt © Suhrkamp Verlag, Frankfurt/M. 1969
Hannover, Heinrich: *Stolpermann und Pflastermann*
Heine, Heinrich: *Ich hatte einst ein schönes Vaterland*
Heißenbüttel, Helmut: *Mehr ist dazu eigentlich nicht zu sagen* © Luchterhand Literaturverlag, Frankfurt/M.
Inamoro, Hasetskubabe no: *Als ich fortgemußt,* aus: Japanische Jahreszeiten © Manesse Verlag, Zürich 1963
Issa: *Kätzchen sagt "miau",* aus: Japanische Jahreszeiten © Manesse Verlag, Zürich 1963
Jandl, Ernst: *ebbe und flut - Fünfter sein - otto mops* © Luchterhand Literaturverlag, Frankfurt/M.
Kabitz, Ulrich: *Atte katte nuwa* (Satz), aus: Der Eisbrecher © Fidula Verlag, Boppard
Keller, Wilhelm: *Ich bin Müllschlucker Paul* (Musik), aus: Mosaik © Fidula Verlag, Boppard
Kreusch-Jakob, Dorothée: *Mein Schifflein,* aus: Da hüpft der Frosch den Berg hinauf © Verlag Heinrich Ellermann, München 1987
Krüss, James (Hrsg.): *Grillenhochzeit,* aus: Hirtenflöte © Internationaal Literatuur Bureau BV, NL-Hilversum
Kunze, Reiner: *Das weiße Gedicht* © S. Fischer Verlag, Frankfurt/M.
Landmann, Salcia (Hrsg.): *Womit redet er* © dtv, München
Lemmermann, Heinz: *Seid willkommen,* aus: Die Zugabe, Bd. 1 © Fidula Verlag, Boppard
Liliencron, Detlef von: *Ballade in U-Dur*
Loesch, Ilse: *Geburtstagslied* © Henschel Verlag, Berlin 1990
Mack, Jürgen: Grafik © Rechte beim Künstler
Marti, Kurt: *Demokratisches Modell* © Luchterhand Literaturverlag, Frankfurt/M.
Morgenstern, Christian: *Das Huhn in der Bahnhofshalle - Die zwei Wurzeln - Gruselett*
Mühsam, Erich: *Die Ahnung* © Erich-Mühsam-Archiv, Berlin
Nübel, Rainer: *Augenlos* © Rechte beim Autoren
Pietraß, Richard: *Ausgeschlupft* © Aufbau-Verlag, Berlin und Weimar
Piwowarowa, Irina: *Bis in den Herbst hinein - Das Bild* © Ellermann Verlag, München 1971
Pocci, Franz Graf v.: Dort oben auf dem Baume (Text)
Rauhe, Hermann: *Du hast mir meine Klage verwandelt - Was recht ist* © Gustav Bosse Verlag, Regensburg
Ringelnatz, Joachim: *Sechs Beine hat der Elefant* (Text) © Henssel Verlag, Berlin
Ripkens, Martin: *Kinderkram für Schnellsprecher* aus: Verse für Kinder © Ellermann Verlag, München
Roan, Ozawa: *Was ist ein Gedicht?,* aus: Japanische Jahreszeiten © Manesse Verlag, Zürich 1963
Rohr, Heinrich: *Heut wanderte durch unsere Stadt* (Musik) © Christphorus Verlag, Freiburg
Ruck-Pauquèt, Gina: *Die Giraffen und der Zirkuszug* (Der kleine Stationsvorsteher und der Zirkuszug), aus: Sandmännchen erzählt von seinen kleinen Freunden © Ravensburger Buchverlag Otto Maier
Rüdiger, Adolf: *Die Unzulänglichkeit der Sprache* © Rechte beim Autoren
Sandburg, Carl: *Der Kürbis erzählt*
Schnebel, Dieter: *Zungenreden* © Aufnahme: Deutsche Grammophon, Hamburg
Schneider, Martin G.: *Danke für diesen guten Morgen,* aus: Neue geistliche Lieder © Gustav Bosse Verlag, Regensburg
Schwitters, Kurt: *Doppelmoppel* © Du Mont Buchverlag, Köln
Senryû: *Eine Pflaume fällt,* aus: Japanische Jahreszeiten © Manesse Verlag, Zürich 1963
Shiki: *Erster Tag,* aus: Japanische Jahreszeiten © Manesse Verlag, Zürich 1963
Spahlinger, Mathias: *Sprechquartett* (Sechs Beine hat der Elefant) © Rechte beim Komponisten
Steiner, Ariane: *Kalamatianós* (Satz) © Rechte bei der Bearbeiterin
Steiner, Lucie: *Der Herbst ist da - Der Schlagzeugstreit* (Musik) - *Dort oben auf dem Baume* (Musik) - *Geschichten, die noch keiner weiß - Ich möchte gern ... - September, September - Sommer legt sein grün' Gewand* (Text) © Rechte bei der Autorin
Steiner, Luis: *Das neue Jahr im Januar - Der Kran - Für die Mutter - Mond und Stern - Schöne Welt* © Rechte beim Autoren
Strittmatter, Erwin: *Starr stand der Frost* © Rechte beim Autoren
Takuboku, Ishikawa: *Also wollen Sie lange leben oder nicht?,* aus: Japanische Jahreszeiten © Manesse Verlag, Zürich 1963
Vischer, Friedrich Theodor: *Anwendbar*
Wiemer, Rudolf Otto: *Ich bin Müllschlucker Paul* (Text), aus: Mosaik © Fidula Verlag, Boppard
Wild, Luise: *Der Nikolaus - Reimwörtersuche - Wißt ihr, wo die Schnecken* © Rechte bei der Autorin
William, Carlos: *Der kahle Baum - Nur, damit du Bescheid weißt*
Wolf, Ror: *Die Gefährlichkeit der großen Ebene* © Rechte beim Autoren
Woll, Erna: *Schneemann* © Rechte bei der Autorin
Woß, Gunter: *Der Winterspeck - Ein Königskind geht in die Welt - Friede, Freude, Eierkuchen - Hallo Herr Bach - Vorfreude auf die Ferien - Was man alles so braucht* © Rechte beim Autoren